頭のいい人が使っている

が使っている

斎藤広達

ずるい計算力

JN115529

PHP

プロローグ

営業部から経営戦略室に異動になったアザラシさん。配属初日、アザラシさんの指導係になったのは、経営戦略室でもエースと呼ばれる白くま主任だった——。

「アザラシさんの経営戦略室の仕事のイメージってどんな感じ？」

「そうですね。やたらと枚数の多いパワポ資料をポインタで指し示しながら、『我が社のサステナビリティをインクルージョンしてハイパフォーマンスなアウトプットを』とかわけのわからないことを言いながら、メガネをくいっと上げる、って感じですかね」

「……ツッコミどころが多すぎるのであえて流すけど、実際には数字を相手にする、もっと地味な仕事だよ」

「数字ですか。私、数字とか本当に苦手なんですよ。営業時代には主に足で稼いでましたから」

「チェーン店の新規開拓や販売促進を手がけていたと聞いているよ」

「ええ、5年間、ほぼ毎日のように全国を飛び回っていました。見込みがある顧客がいればすぐに駆け付け、相談に乗ったり、庭掃除をしたり、娘さんの結婚式に出て余興をやったり」

「ある意味すごいね、君。年下なのに昭和を感じるよ。まぁ、私のところにも聞こえてきていたけどね。『営業2課になんだかすごいトップセールスがいる』って」

「……ただ正直、ここ2年ほどは伸び悩んでいたんです。だから、今回の異動はある意味、営業をお払い箱になったのかなって」

「うーん、そんなことはないと思うけど。それに、君が持っているような熱意とコミュニケーション力は、経営戦略室でも大いに武器になる。それに加えて必要になる能力があるとすれば……」

「あるとすれば?」

「計算力、だね」

「計算力? それって、『15×20は?』みたいな計算がすぐできる能力、ってことですか」

「そう。単純な暗算はもちろんだけど、『どんな複雑なことにも瞬時に答えを出すことができる能力』といったほうが正確かな。ひと言で言えば『頭の回転が速い人になる力』ということでもある」

「それって頑張って身につくものなんですか?」

「頑張るというより、ちょっとしたコツを知る、ということかな。そしてこの能力は別に経営戦略室だけでなく、営業でも、他の仕事でも、あらゆる仕事で役に立つ。さらにいえば、プライベートでも活用できる。現代人が生きていく上で必須の、でも、意外とみんな気づいていない能力なんだ」

「そんな大げさな……。 でも、 せっかくの機会ですから、 身につけたいです、 その『計算力』とやらを」

「OK。 仕事をしながらおいおい伝えていくよ」

＊「計算力」を身につけて得られるのは「実力」と「信頼」

こんにちは、著者の斎藤広達です。

本書ではこれからアザラシさんと一緒に、読者のみなさんに「計算力」を身につけていってもらいたいと思っています。

白くま主任が言っていたように、**「計算力」は仕事においてもプライベートにおいても、現代を生きていくための必須スキル**です。「計算」ができるようになるだけで、大げさでなく世界の見え方が変わります。

私自身は長年、いわゆる「外資系」と呼ばれる職場で働いてきました。最初は外資系金融機関、その後は外資系コンサルティングファーム、そして今は某大手外資系IT企業で働いています。

外資系企業だから誰もが優秀、ということはまったくないのですが、たまにとんでもなく頭のいい人がいるというのが、外資系企業の特徴でもあります。それこそ、2ケタどころか**3ケタの暗算すらスラスラこなしてしまうような人**。一瞬で数字を記憶し、「売上を〇〇％上げれば利益率が〇〇％改善するはず

です」などと、瞬時に数字を挙げて説明ができる人……。

　私のような文系人間がそんな人に対抗するのは大変でした。必死に勉強し、MBAも取得したのですが、**元々数字に強い人にはどうやったって敵わない**。

　ここに掲載したのは、自分のまわりにいる、頭のいい人が使っている計算テクニックを真似してみたり、私なりに試行錯誤し、苦労して（あえて声を大にして言います）身につけた手法です。今でこそ計算力をつけたからこのように書籍を出すに至っているわけですが、習得するまでにはそれなりの時間を要しました。

　計算力は明日からすぐに使える、というわけではありません。みなさんも経験があると思いますが「そんなずるい計算方法があるとは……。誰かが先に教えてくれれば、もっとスピード感を持って仕事できたのに」と思わず泣きたくなったこと、ありませんか？

　ぜひ、私はそんな思いを抱えている方に、1日でも早く実践に活かしてもらえる手法をお伝えしたいと思っています。

　試行錯誤の末、大きなターニングポイントとなったのは「考え方を変えた」こと。正面から立ち向かうのではなく、ちょっとした**コツを使って「計算をショートカットする」という戦法**です。

たとえば、**ケタ数の多い計算を「ざっくり」片付ける方法**。ドルと円が入り混じった資料を読みこなす技。複雑なデータから瞬時にポイントだけを見つけ出す技術、など。

こうした手法を駆使して、**人よりも速く計算をしてみせる。**すると、面白いもので、「**アイツ意外とすごいかも**」と誰もが自分に一目置いてくれるようになるのです。

ディスカッションをリードできる立場になり、自分の意見を主張できる機会も増えます。相手のペースではなく、自分のペースで議論を展開することができるようになります。もちろん、人より速く計算できると、その分だけ先に、次のことを考えられます。その結果、「アイツ意外とすごいかも」という評判が、「**アイツ、本当にすごいな**」という実力へと変わっていく。

私自身が経験してきたそんな快感をぜひ、皆さんにも味わっていただければと思っています。

もくじ

第 **1** 章
計算力は数字に弱い人ほど、成果が出る

第 2 章
数字のカラクリを知る
——「苦手意識」の幻想を克服する

第3章
すごい人の条件は、算数のスキルだけだった
——信頼と自信も得られる魔法の力

第4章
こうしてあなたも「すごい人」になる
──変えるのは計算するときの「考え方」だけ

第 **5** 章
計算力で創造力もつけられる
──新しい仕事の提案もできるようになる

装幀／福田和雄（FUKUDA DESIGN）
本文デザイン・DTP／有限会社マーリンクレイン
イラスト／力石ありか
編集協力／小山田美涼

計算力は
数字に弱い人ほど、
成果が出る

「数字」への畏怖と
憧れが計算力を強くする

　瞬時に複雑な暗算をして、会議中も鋭い指摘を連発する先輩。

　ツールを使いこなして売上や業績を分析し、魅力的な企画や経営戦略を立てる同僚。

　チームの意見を取りまとめて、具体的な数値目標や方針をすぐに決定する上司。

　数字を使って仕事をしている人たちを見ていると、

「仕事ができて羨ましい」

「なぜ、あんなにも速く計算できるのだろう？」

　そう思うことはないでしょうか。

　ビジネスとは、数字を追いかけることの連続です。 目標売上〇〇億円、目標利益〇千万円を目指す、固定費の〇〇％削減を目指すなど、現場では常に多くの数字が飛び交っています。

　これらの数字を自在に操り、瞬時に解決へ導く能力こそが「計算力」。仕事ができるビジネスパーソンの多くは、この計算力を使いこなしているものです。

「計算力について教えてくださいとは言いましたけど、数字が苦手な私でも、本当に主任みたいなバリバリのインテリ系になれるものですか」

「自分でインテリ系だと思ったことはないけど、君なら大丈夫だと思うよ」

「学生時代に数学で赤点取り続けていても?」

「うん。確かに経営戦略室ではさまざまな数字を相手にするけど、数学の成績と計算力が優れているかどうかはあまり関係がないんだ」

「そうなんですね。私、子どもの頃から本当に計算が苦手で。そのせいか、営業部でも複雑な計算を見ると身構えてしまうクセがあったんです。だから経営戦略室でやっていけるのか正直不安で……」

「経営戦略室にも君のように数字が苦手だと言っていた人はいるし、コツをつかんで少しずつ慣れていけば問題ないよ」

「それを聞いてほっとしました」

「何事も最初から完璧な人なんていないからね。計算力を高めていけば、おのずと数字への苦手意識も薄れていくはずだよ」

　計算力を使えるようになれば、売上や業績、受注件数を瞬時に計算して考えることで、自社の利益を客観的な数字として捉えることができます。

　たとえば、高い計算力を持つ「すごい上司」がいるチームでは、ビジネス現場でよく耳にする「もっと訪問件数を増やせ」「もっと頑張れ」「最近、どうも顧客の反応が鈍いから、なんとかしろ」といったあいまいな指示が下ることもありません。

　このような指示は、一見それらしいことを言っているように感じますが、実際には何も言っていないのと同じです。

　訪問件数をもっと増やせという「もっと」とは、具体的に何件なのか。もしそれが１日５件だとしたら、なぜ５件なのか。そこまで計算して具体的な数字で語ることで、現場は動き出せるのです。

＊数字はあいまいさを具体化できる

　数字に強い上司なら、そのあいまいさを数字に落とし込んで、「今月は目標まで〇〇万円足りていないから、最低でも〇件受注を増やす必要がある。だから、訪問件数をあと５件増やそう」

　というように、**誰もが理解できる共通言語に変換することができます。**

　数字に敏感な部下がいれば、「そもそも、訪問件数を増やせ

ば本当に売上は上がるのか」という疑問が提示されることもあるかもしれません。

　計算力の高い人が集まれば、数字を使って有意義な議論を進められます。**計算の結果、「訪問件数を5件増やす」ことが売上増加に効果的だとわかれば、納得感を持って仕事を進めることもできますね。**

　また計算力の使い方を知っている人は、自分の話に説得力を持たせることもできます。

　たとえば、次のようなセールストークではどちらのほうが導入したいと思えるでしょうか。

Example

| A社 | 弊社の最新コピー機に交換していただければ、コストをぐっと削減できてお得です。大容量トナーを採用しているので、今のように頻繁に交換する必要もないんですよ |

| B社 | 弊社の最新コピー機に交換していただければ、現在使用しているものと比べて〇〇万円削減できます。大容量トナーを採用しているので、毎日〇枚印刷する場合でも〇ヶ月に1度の交換で済むんですよ |

＊計算力はコミュニケーションを円滑にする

　Ａ社のセールストークでもコピー機を交換するメリットは伝わりますが、具体的なイメージを摑みやすいのは明らかにＢ社です。それにＢ社の営業であれば、今後質問したいことが出てきたときも、数字を使って詳しく教えてくれそうな安心感があります。

　実際にはコピー機本体の価格や予算を考慮する必要がありますが、仮にＡ社とＢ社の商品価格が同じくらいであった場合、多くの人がＢ社と契約したいと思うのではないでしょうか。

　このように、**計算力を応用して話せるようになると、話に具体性が生まれ、信頼を獲得しやすくなります。**「仕事ができる人」と思われる機会も増え、重要な場面でも意見を通しやすくなるのです。

　一方で、数字に苦手意識があると、このような話を聞いても

「それは元々頭の回転が速くて要領がいいからだ」

「学生時代から数学が得意で、成績もよかったに違いない」

「文系人間で勉強も苦手だったから、同じようにはいかない」

　と思ってしまう人もいるでしょう。

　しかし、諦める必要はありません。現実には高い計算力を発揮して、**ビジネス現場の最前線で活躍している"元・数学苦手族"**も大勢います。計算力が高いかどうかは、決して学生時代の成績や得意科目で決まるものではないのです。

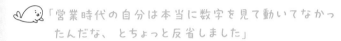

社会人は「計算力」を
誰でも身につけている

「営業時代の自分は本当に数字を見て動いてなかったんだな、とちょっと反省しました」

「数字の重要性に気づいてくれたのは嬉しいけど、計算だけがすべてじゃないよ。君のアクティブな営業活動は実際にお客さんに喜ばれてたわけだし、仕事には熱意も重要だと私は思うな」

「でも、経営戦略室で同じことをやるわけにはいきませんから。早く主任の言う『計算力』を身につけたいです」

「あぁ、それなら心配いらないよ」

「というと?」

「世の中のほとんどの人は、すでに『計算力』を手に入れているんだ」

「え、私にもそんな力があるんですか?」

「もちろん。きっとあるはずだよ」

「数字は苦手だと思い続けてきたので、ちょっと信じられないです」

「そうかい? じゃあ確かめてみようか」

＊無意識に使っている「計算力」

　計算の得意不得意に個人差があるとしても、ほとんどの社会人はすでに「計算力」を身につけています。

　なぜなら、**私たちは日常生活の中で当たり前に計算を行っているからです。**

　たとえば、出張や帰省で地方に行っていた社員が、お土産にお菓子やミカンを持ってきてくれたとしましょう。上司から「みんなに配っておいて」と言われたらどうしますか？

　ほとんどの社会人が、計算しなきゃと意識することなく、

「24個入りか。うちの部署は12人だから、1人2個ずつ配れるな」

「○○さん、実家がミカン農家って言ってたもんな。数は中途半端だけど、ちょっと大きいミカンを2個分と考えれば、全員に3個ずつ行き渡りそうだ」

　などと頭の中で考えて、部署の人たちに配りにいくはずです。

　取引先に手土産を持っていく場合も同じでしょう。お世話になっている人や会議に参加する人数を考えて、なるべく全員に平等に行き渡る量のお菓子を購入するはずです。

22ページのイメージ

24個÷12人＝1人2個

　そして、会社を訪問するときには、あらかじめ電車の時間や駅からの距離を調べて、約束の5〜10分前ぐらいに着くよう逆算して向かう。もはや社会人の常識と言われるくらい当たり前のことですが、これこそが「計算力」なのです。

　また、計算力はプライベートでも活かされています。

　たとえば、普段から自炊をする人の中には、「この商品は普段よりいくら安いのか」を考えながら買い物をしている人もいるでしょう。なるべく食費を抑えようと思ったら、パッケージに書かれている100g当たりの価格を確認して、少しでもお得なものを選ぶはずです。

　夕食を作る際も、「1/3くらい残った人参があるから、これと今日買った食材を組み合わせよう。大根は1/2残して明日の夕

食に使おう」など、冷蔵庫の中身や翌日のことを考えながら料理する人が多いのではないでしょうか。

　手慣れた人なら、「今ご飯を3合炊いたら、今日の夜と明日の朝の分を除いて2合ぐらいは余るはず。4食分は冷凍できるな」と無意識のうちに考えるクセがついているかもしれません。

＊計算力は「先読み」の力

　仮に料理をしなかったとしても、家を借りるときに「家賃は相場と比較してどうなのか」を考えたり、自動車を購入する際に「何年ローンなら組めそうなのか」を検討したりと、日常のあらゆる場面で計算は登場します。

　計算力とは、ほとんどの社会人がすでに身につけている能力であり、この社会で生きていく上で欠かすことのできないものなのです。

　もしかすると、「そんな算数レベルの計算の話じゃないんだ」

と思う人がいるかもしれません。「知りたいのは生活の知恵ではなく、仕事で使える計算テクニックだ」という意見もあるでしょう。

　しかし、これらの計算を速くできることが「計算力のある人」や「仕事ができるすごい人」と思われる第一歩。**計算力を高めるためのコツもまた、小学校で習う「足す」「引く」「掛ける」「割る」の四則演算にあったりするのです。**

　それに、計算の意味を『広辞苑』で調べてみると、次のように定義されています。

【計算】
①はかりかぞえること。勘定。また、見積り。考慮。
②演算をして結果を求め出すこと。

　これを見ると、計算という言葉が「数学的な方法で答えを導く」というニュアンスだけで使われるものではないとわかります。数字を見て考えることも、また計算。むしろ、これこそが計算力の本質であるとも言えるのです。

　先ほどの例に戻りましょう。
　お気づきかもしれませんが、**私たちが普段何気なく行っている思考プロセスは、「計算」そのものです。**
　スーパーに買い物へ行く。今日や明日の自分が困らないため

に、お米を一度にいつもの倍炊く。こういったアクションを起こすには、はじめに考えるプロセスが必要になります。

　何も考えずにいたら、今買う必要のない商品を大量に買ってしまったり、お米も炊きすぎて消費しきれず捨てるしかなくなってしまう、といったことになりかねません。計算力がないと、さまざまな場面で損をしてしまうのです。

　しかし、不要なものを手当たり次第に購入したり1人暮らしなのに理由もなく10合もお米を炊いてしまったりする人は、現実にはほとんどいないでしょう。

　なぜなら、何度も述べているように、すでに多くの社会人が計算力を身につけているからです。

「仕事ができる人」になるには、もともと持っている計算力を高めていけばよいのです。

　肝心なのは、「**瞬間的に考えられるか？**」「**それが習慣になっているか？**」ということです。数字や事実を目の前にした瞬間に、脳ミソをフル回転させる。これが自然にできるようになると、計算力は上がっていきます。

すごいと思う人と
「わたし」の差

「ほら、 君にも計算力があるとわかったでしょ?」

「思ってるのとはちょっと違いましたけど……。 まあ、 そうですね」

「なんだか煮え切らない反応だね。 ちなみにどういうのを想像してたの?」

「てっきり、 どんなに複雑な計算も一瞬でできるようになる隠された才能があるのかと」

「そんなものがあるなら誰も苦労しないよ」

「……ですよね」

「計算もスポーツと一緒だからね。 繰り返し練習して使い方を覚えていくしかないんだ」

「はあ、 やっぱりそうですか」

「でも、 練習といってもそこまで大変なものじゃないから。 コツさえ知っていれば、 すぐに計算力は高められるはずだよ」

「コツですか?」

「そう。 計算力が高い人と君との違いは、 どれだけのコツを知っているかでもあるんだ」

＊知識や記憶が計算力を強くする

「計算」とは単なる算数の能力ではなく、結果を意識して逆算して行動することである、とお伝えました。

　ただ、やはり**数字を扱うスキルが大事**なことも事実。実際、優れた経営者は複雑な売上や利益の数字をスラスラと言えますし、一流のコンサルタントは「業績アップには、売上を〇〇％上げて利益率を〇〇％にする必要があります」などと、瞬時に数字を挙げて説明ができるものです。

　さらにすごい人は、具体的な数字が瞬時に出てきます。
「売上が〇％上がったということは、今期は△△のプラスですね」「あと〇％だから、◇◇規模の商談を１人ひとつ取れればうちのチームは目標達成です」といった具合に、次から次へとリアルな数字が飛び出してくるのです。

　この具体的な数字を導き出すのに、あなたならどれぐらいかかるでしょう。自分事に置き換えて想像するだけでも混乱して、「私には到底このスピードで計算をするのは無理だ！」と思ってしまう人もいるかもしれません。

　でも、よくよく考えてみてください。

　仕事で瞬時に数字を挙げるための計算と「ご飯を何合炊くか」という日常的な計算の考え方は、ほとんど同じなのです。

思考プロセスをたどってみましょう。

料理の知識が豊富な人は、炊いたお米の量に対して、次のような数字で考えられるはずです。

「3合炊いたということは、1合が大体330ｇだから、990ｇ。茶碗1杯は約180ｇだから、5〜6食分になりそうだ。夜は1食分、朝は少なめの0.5食分でいいから、4食分くらいは冷凍できそう」

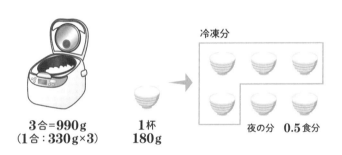

3合＝990ｇ
（1合：330ｇ×3）

1杯
180ｇ

冷凍分

夜の分　0.5食分

この問題は、炊飯後のお米が1合約330ｇ、茶碗1杯のご飯が約180ｇと知っていれば、誰でも計算できます。

しかし、1合当たりのｇ数を知らなければ、どんなに数学が得意で計算ができる人でも、瞬時に答えを導き出すことは難しいでしょう。

計算力を高めるコツのひとつは、計算への慣れと暗算力です。

とはいえ、ひたすら計算問題を解いたり問題集を読み込んだりする必要はありません。本書では、さらに簡単に人より一歩先に計算するテクニックを紹介していきます。

　毎回電卓を叩いて計算しなくても、2ケタぐらいの暗算ぐらいは一瞬でこなしてしまう。まわりの人から、「アイツは計算が速い」「実はすごいのかも」と思われるのは気分がよいものです。

　それだけでなく、強力な仕事の武器を手にすることもできます。

　周囲より速く計算できるようになると、一歩リードした状態で次のことを考えられます。議論を行うときにも、常に自分のペースで進められるようになるのです。

　もちろん、仕事ができる人も膨大な数字を扱うコンサルタントも、最初から売上や業績を語れたわけではありません。ビジネスの世界には稀_{まれ}にとんでもなく頭がいい人もいますが、そうではない多くの人は、幾度となく数字に触れることで瞬時に計算できるようになっていきます。

　ひとつずつマスターして、あなたも上司や同僚に一目置かれるようなビジネスパーソンを目指していきましょう。

「大きい数字」
アレルギーも治せる

「白くま主任、やっぱり私には『計算力』が元々ないんじゃないかって思うんです」

「あんなにやる気だったのに、急にどうしたの?」

「主任に渡されたZ社の資料あるじゃないですか。実は、さっきからどれだけ頑張って読もうとしても、大量の数字を見ると何も頭に入ってこなくて……」

「あぁ、なるほどね」

「あ、別にサボろうとしてるわけじゃないんですよ! 脳が数字をシャットアウトしてるみたいな感じで、集中しようとしても目が滑るんです。この感覚わかります?」

「君がそういうズルをするタイプじゃないと思ってるよ。それに、資料が頭に入ってこないのは君に計算力がないからじゃないと思うな」

「えっ、主任には原因がわかってるんですか?」

「おそらくだけどね。君の場合は、ケタが大きすぎる数字が苦手なだけだと思うよ」

✱ 苦手意識を払拭する最善の方法

　本書のトレーニングを通じて計算のコツをつかんでいけば、誰もが驚くような計算力を身につけることができます。

　とはいえ、学生時代に染みついた数字への苦手意識を払拭_{ふっしょく}するのは難しいものです。

　計算が苦手な人の中には、

「小学校の算数でつまずいたから、自分に難しい計算は無理」

「昔から数字を見ると頭が痛くなって、見たくもない」

「数学の勉強が嫌で文系に進んだんだし、計算はちょっと……」

　という人も多いと思います。中には、「どうせ大人になったら使わないから」という気持ちで勉強を避けてきた人もいるかもしれません。

　しかし、**社会に出てからのほうが数字と触れ合うタイミングは増えていきます**。どんな仕事であっても、数字はついて回ります。残念ながら、完全に逃れることはできないのです。

　では、数字が苦手な人たちが計算力を高めるには、どうすればいいのか。

　答えは単純です。トレーニングで数字に触れる機会を増やし、成功体験を重ねて、積もりに積もった苦手意識を取り除いていくということ。これが最善かつ最短ルートです。

　そもそもの問題として、「数字が苦手」と感じる人の多くが、巨大すぎる数字をうまく扱えない、という悩みを抱えています。

　会社の規模にもよりますが、業績や売上といった数字は百万、千万単位の話になることが当たり前。大企業であれば、さらに大きな「億」や「兆」単位の数字が飛び交うことも多々あるでしょう。

　しかし、人は大きすぎる数字を目にすると思考停止に陥（おちい）りやすいもの。次のような決算資料は、その典型です。

　当第3四半期連結累計期間の売上高は、前年同期を3600億円（15％）上回る2兆8275億円となりました。利益につきましては、人件費の増加、研究開発費を含む諸経費の増加などがありましたものの、売上の増加、為替変動による影響、グループあげての原価改善活動の推進、物流費の減少により、営業利益は前年同期を623億円（45％）上回る2009億円、税引前利益は前年同期を722億円（31％）上回る3022億円、親会社の所有者に帰属する四半期利益は前年同期を616億円（36％）上回る2308億円となりました。

　資産につきましては、主に投資有価証券の評価額が増加したことにより、前連結会計年度末に比べ1兆4247億円増加し、9兆2458億円となりました。負債につきまして

は、主に繰延税金負債が増加したことにより、前連結会計年度末に比べ4389億円増加し、4兆3246億円となりました。資本につきましては、前連結会計年度末に比べ9857億円増加し、4兆9211億円となりました。

出典：株式会社豊田自動織機 2024年3月期 第3四半期決算短信

最初の2、3行を見ただけで反射的に読むことを諦めてしまった人もいるかもしれません。あるいは、Aさんのように、きちんと最後まで読んだはずなのにまったく数字が頭に入ってこない……という人もいるでしょう。

今回はあくまで大きすぎる数字を感じてもらうための例ですから、深く読み込む必要はありません。

しかし、**資料の数字が読めないから自分は数字が苦手だと思い込み、さらに数字が嫌いになってしまう。このような悪循環に陥っている人が「数字が苦手」という人には多いのではないでしょうか。**

＊苦手だと思わせている最大の敵の正体

大きすぎる数字の理解が難しいのは、ある意味、仕方のないことです。詳しくは第3章で解説していますが、多くの人は自分の想像が及ぶ範囲の数字しか自分事として考えられないからです。

自分の話として考えられない数字は、言葉を選ばずに言って

しまえば、「どうでもいい数字」です。それを覚えるくらいなら、直接仕事に関係する今月の売上や受注数などに目を向けるという人がほとんどでしょう。無意識のうちに取捨選択を行っているのですから、ビジネスとしてはむしろ効率的で理に適ってるとさえ言えます。

とはいえ、仕事ができる「すごい人」になるには、大きな数字も瞬時に理解できるスキルを身につけなくてはならないのも事実。仕事柄、大きな数字を扱わなくてはいけない、という人もいるはずです。

では、どうすれば自分事として大きな数字を考えられるのか。そのための手法が、第4章で紹介している「@変換」(108ページ)です。

数字に強い経営者やコンサルタントもよく使っている手法で、少し考え方を変えるだけで、誰でも簡単に大きな数字を扱えるようになります。

実際のところ、「数字が苦手」という人の多くは、大きな数字が苦手なだけだったりするものです。**肝心なのは、「数字が苦手」という先入観を取り除くことです。**

複雑な計算をするために、算数を一から勉強し直したり高額なセミナーに通ったりする必要はありません。繰り返しになりますが、計算力を高めるのに必要なのは、ちょっとしたコツで

す。

　数字に強いすごい人たちが実践しているコツを知るだけで、一見複雑に思える計算も、面白いほどできるようになります。

　ビジネスの世界においては、数字が得意な人に文系・理系は関係ありません。

　むしろ、苦手意識が高い人ほど、コツを知ったときの効果はテキメン。驚くほど早く実感できるはずです。

第 2 章

数字のカラクリを
知る

——「苦手意識」の幻想を
克服する

真面目な気持ちを捨てて、「概算」をつかむ

　日本人にとって、最も身近な数字のひとつといえるのが消費税です。

　2024年現在、日本の消費税は10％（食品等の軽減税率対象品目は8％）。買い物をするときに「税抜き1000円の商品ってことは、税込みで1100円か。じゃあ、あれも買えるな」など頭の中で計算をしている方も多いのではないでしょうか。

　10％であれば、本体価格の1割をプラスすればよいので、計算も比較的簡単です。数字が苦手でも、ある程度直感的に品物がいくらになるのか導き出せると思います。

　しかし、消費税8％の時代はどうだったでしょう？

　もし、あなたが営業や販売の仕事で、取引先から、

「この商品、税込みだといくら？」

「御社の1ケース1200円の商品を35ケースほしいんだけど、いくらぐらいになる？」

「多めに発注するから消費税分はおまけしてほしいんだけど、全部でいくらだろう？」

　といった質問をされたとき、スラスラ答えることができるでしょうか？

　計算しようとスマホを出したら「じゃあ大丈夫だよ」と話を切られたり暗算をしようとしてもすぐ答えが出なかったり……目に浮かぶようです。

　しかし、計算力が高い人たちは違います。電卓を使わなくとも瞬時に計算をして、「税込みだと〇円ですね」「35ケースだとこのくらいです」とスマートに話を進めていくのです。

　数字が苦手な人たちにとってうらやましい能力です。彼らは一体、どのようにしてすばやく計算をしているのでしょうか。

　頭の回転が速いから？　元々数字に強いから？　理系だから？

　いいえ、そんなことはありません。彼らには、彼らなりのテクニックがあるのです。

　先ほどの消費税8%の例に戻ってみましょう。

「ところで、こっちの1ケース1200円の商品を35ケース頼んだとしたら、いくらになる？」

　取引先からそう聞かれたとき、真面目なあなたはきっと「8%ということは、1200×35×1.08で……」と、頭の中で下1ケタまできっちり計算しようとするのではないでしょうか。

　しかし、取引先との商談や会議においては、そこまで正確な数字が求められていない場合もあります。

　重要なのは、求められている数字のレベルを見極めること。

ときには、相手が知りたかったのは正確な金額ではなく、ざっくりとした金額の規模感だったということもあるのです。

　ちなみに、答えは45,360円ですが、この計算を瞬時に頭の中で行うのは計算力がある人でもなかなか大変です。

　だから、計算力がある人たちは、「ざっくり45,000円ぐらいですね」というように「概算」で答えを出して、金額のイメージを膨らませます。360円のことは置いておきます。拍子抜けしてしまうかもしれませんが、これこそが瞬時に計算を行うコツなのです。

　スラスラと具体的な数字が言えれば、それだけで相手に「数字に強い人（＝正確に物事を捉えている人）」だと思ってもらうことができます。「数字が使える」というのは、信頼を得たい人との会話において強力な武器になるということです。

　あなたも一度、彼らにならって「正確に計算しなければ」という考え方を置いてみましょう。本章を通じて「ざっくり〇〇円ぐらいですね」と言えるようになれば、計算力の高い人たちに一歩近づけるはず。

　また、概算とは決してデタラメな数字を伝えるものではありません。正しい計算方法を覚えれば、案外、実際の数値との差が小さいことがわかるはずです。

ざっくり暗算

2ケタの掛け算が楽しくなる方法とは？

「何やっているの？」

「話題の『2ケタ暗算ドリル』ですよ。2ケタ同士の掛け算が簡単にできるようになるっていう」

「若いのに脳トレ？」

「違いますよ。主任が『計算力を身につけろ』と言ったでしょ。そこでさっそく書店に行って、この本を買って来たんです」

「なるほど、ちょっと見せて。……こうやってああやって……2ケタ同士の暗算が正確にできるわけか。ふーん、面白い方法だね」

「白くま主任、このやり方知らなかったんですか」

「初耳」

「それで困らないんですか？」

「だって、2ケタ同士の掛け算が必要なら、計算機使えばいいじゃない」

「いや、それを言ったらおしまいでしょ！　それに先日、部長と話しているときに、さりげなく2ケタ暗算かましてましたよね？　『25の支店に30ずつ、

ざっくり700でアグリーじゃないですか?』みたいな」

「アグリーとか絶対に言ってないけど、確かにそんな
話をしたことには同意するよ」

「じゃあ、どうやったんですか?」

「うん、だから『ざっくり』計算したんだ」

Let's read

＊あなたが知りたいのは千の位？ 一の位？

　ちまたでは「2ケタ暗算」が流行っているようです。2ケタ同
士の掛け算がすぐにできる、というものです。

　では、「36×12」は？　と聞かれて、「432だよ」と瞬時に答
えることができたら、何かの役に立つのでしょうか。

　あなたが学生なら、テストを解く際のスピードが確実に上が
るでしょうから、役に立つと言っていいと思います。

　でも、実生活では？

　おそらく、こうした計算が必要となるのは、次のような場面
でしょう。

「先月はトイレットペーパーが36ロール必要だったんだよ
ね。せっかくなら1年分まとめ買いしようと思うんだけど」

「ああ、じゃあ36×12でだいたい430個くらいかな。これな
ら倉庫に置いておけるね」

　ここで、「いや、正確には432個だ、2個違う！」と目くじらを立てることにはほとんど意味はありません。「ざっくり」の数さえわかれば、意思決定（この場合は「1年分まとめ買いすべきかどうか」）の判断には十分だからです。

　つまり、実生活において必要な計算のほとんどは「ざっくり」でいい。ここが、本書でご紹介する計算力の大前提となります。

　ここで、一般的な「2ケタ×2ケタの計算方法」をおさらいしておきましょう。

　学校で習ったのはおそらく、1ケタずつかけていって、あとで合算するという方法です。

　たとえば、

25 × 12

なら、「25×10」「25×2」を行い、それぞれを合算するというものです。

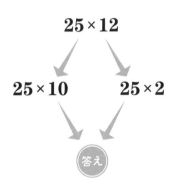

また、すばやく2ケタ同士の掛け算を行う方法として、「インド式」掛け算というものもあります。

　しかしこの本では私の習得した計算方法を習得してほしいので、やり方はいろいろあるということをお伝えするだけに留めたいと思います。気になる方は調べてみてください。

　私がおすすめしているのは、以下のような方法です。

　たとえば、

25×12＝ ?

であれば、12を四捨五入して10にします。すると、

25×10＝

になります。

　これなら、比較的簡単に暗算できますね。答えは250です。

　そして、その後、削った2を元に戻します。具体的には、

25×2

を計算します。これも比較的簡単で、50となります。

　そして、最後に、

250＋50

＝300

となります。

　いかがでしょうか。

　実は、やっていることは学校で習った方法とほぼ一緒です。

① $25 \times 10 = 250$ 〈 12を四捨五入して10にする

② $25 \times 2 = 50$ 〈 削った2の分を計算する

① + **②** $= 250 + 50 = \underline{300}$

違うのは順番です。

学校で習った方法は、「$25 \times 2 = 50$」を計算し、「$25 \times 10 = 250$」を計算し、最後にそれを合計する、というものですが、これだと最初に計算した答えである「50」を脳内で記憶しておかなくてはならず、これが脳のメモリを食ってしまうのです。

一方、「ざっくり暗算」のやり方は、

①どちらかを四捨五入してわかりやすい数にする
②掛け算を行う
③最後に、四捨五入した分を調整する

という順序になるため、脳内メモリをなるべく使わずに済むのです。

もう一問やってみましょう。

32×22＝？

この場合、まずは22を四捨五入して、

32×20＝640

とします。

　そして、最後に調整を行うわけですが、22を20にしたということは、1割減らしたということです。ということは、逆に1割増やせば元に戻ります。

　ということで、

640の1割増し（×1.1）＝704

となります。

　もっともこの場合、実際の場では「700くらい」で十分でしょう。

「ざっくりでいい」から、「ざっくり暗算」なのです。

練習問題

「ざっくり暗算」を用いて計算をしましょう。

(1) $12 \times 30 =$

(2) $25 \times 23 =$

(3) $44 \times 52 =$

(1) **$12 \times 30 =$**

　　↓ 12を四捨五入して10とする

$10 \times 30 = 300$ …… ❶

　　↓ 四捨五入した2の分を計算

$2 \times 30 = 60$ …… ❷

　　↓

❶ + ❷ = $300 + 60 = \underline{360}$

(2) **$25 \times 23 =$**

　　↓ 23を四捨五入して20とする

$25 \times 20 = 500$ …… ❶

　　↓ 四捨五入した3の分を計算

$25 \times 3 = 75$ …… ❷

　　↓

❶ + ❷ = $500 + 75 = \underline{575}$

(3) **$42 \times 52 =$**

　　↓ 42を四捨五入して40とする

$40 \times 52 = 2080$

42を40にしたということは、1割減らしたことになるので、

2080の1割増し（×1.1）＝2288

2080の1割は208ですが、これをざっくり200とし、

$\underline{2280}$ くらいとします。

42×52＝2184なので誤差96です。

＊キリよくするために少し大きめの数字で計算

次に、数字を繰り上げた場合のパターンにもトライしてみましょう。

$27 \times 18 = ?$

この場合、27と18のどちらが四捨五入して影響が少ないか考えます。

繰り上がりに近いのは18です。よって、18を四捨五入し、20で計算します。

$27 \times 20 = ?$

答えは540です。

次は18と20の調整です。20を18に戻すためには、アバウトに1割カットが必要です。

$540 - 55$（だいたい1割くらい）$= 485$

という答えになります。

$27 \times 18 = 486$なので、誤差は1。文字通り、誤差の範囲内ですね。

少しレベルを上げていきます。

$27 \times 48 = ?$

この場合、どのように考えればいいのでしょうか。

私なら、27は30に、48は50に四捨五入します。

すると答えは1500です。

$30 \times 50 = 1500$

次に元に戻していくわけですが、27を30にしたということはだいたい1割カット、48を50にしたということは0.5割くらいのカットかな、と見越して、「1割強のカット」と考えると

1500の9割＝1350

1割強なので**1300**くらい？

というプロセスとなります。

　実際に計算してみると1296、これまた誤差の範囲だということがわかります。

27×48

↓

30×50＝1500

| 元に戻す：
30→1割カット
50→0.5割カット | ≒1割強の
カット |

↓

1500×9割＝1350

| 1割したことで目安がついたので、
1割「強」のため、もう少しカット |

↓

≒1300

　実際に帳簿をつけたり何かを発注するときでもない限り、実際にはこのくらいの数値でほぼ、問題になることはありません。精緻（せいち）な計算が必要なときは、はじめから電卓を叩けばよいのです。

応用問題

「ざっくり暗算」を用いて、数字を繰り上げた計算をしましょう。

(1) $19 \times 27 =$

(2) $48 \times 18 =$

(1) $19 \times 27 =$

↓ 19を四捨五入して20とする

$20 \times 27 = 540$

19を20にした→だいたい0.5割カット

540 − 30（だいたい0.5割）= 510

19 × 27 = 513なので、誤差3です。

（540 − 25（だいたい0.5割）= 515

→誤差2という計算方法もあります）

(2) $48 \times 18 =$

↓ どちらも四捨五入して50と20とする

$50 \times 20 = 1000$

48を50→約0.5割カット

18を20→約1割カット

⇒「約1割強カット」とする

1000の9割 = 900

1割強なので、850くらい

48 × 18 = 864なので誤差14です。

＊「テキトー」でいいとわかれば計算が楽しくなる

　この方法で計算をしてみると、ちょっと驚くほど近い数字が出てくるようになるのではないでしょうか。すると、計算することが楽しくなってきて、周りの数字を何でも計算してみたくなってくるはずです。

　そうなったら、しめたものです。日常的に計算を繰り返すことで、あなたの「ざっくり暗算力」は確実に高まっていくからです。

　大切なことは、最初から細かい計算をしようとするのではなく、まず概算の値を出して、その後それを調整する、ということです。

　その考え方さえ身につければ、46×83などという計算も、

「とりあえず四捨五入して50×80にしよう。4000だな」

「46を50にしたということは、だいたい1割増しだな。じゃあ代わりに1割カットか。3600くらいだな」

「83を80にカットしたというのは誤差の範囲かもしれないけど、ちょっとだけ割り増しして、3800にしておくか」

　とすれば、大まかな数値は得られます（正確な答えは3818）。

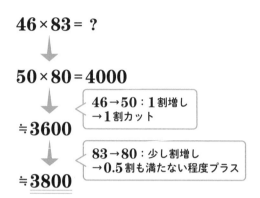

$$46 \times 83 = ?$$

↓

$$50 \times 80 = 4000$$

↓

{ 46→50：1割増し
→1割カット }

$$≒ 3600$$

↓

{ 83→80：少し割増し
→0.5割も満たない程度プラス }

$$≒ 3800$$

　あるいは、665×781などというより位の多い計算も、

「下1ケタは不要だな。66×78で十分だ」

「まずは60×80で計算してみよう。4800だな」

「66を60にしたわけだから、1割くらいプラスしておこう。だいたい5300といったところか」

「78を80にしたから、ほんのちょっと削っておくか。じゃあ5200で」

「切り捨てた下1ケタを換算して、520000だな」

　と、徐々に正確な数値に近づいていけるわけです（正確な答えは519365）。

　正直に言えば、私は「1ケタ同士の掛け算」にまで単純化してしまっても、実際に問題になることはあまりないと思っています。

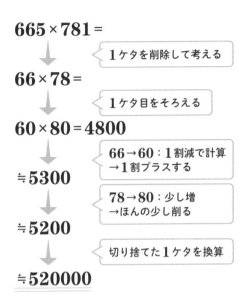

27×62なら、30×60にまで単純化し、「3×6＝18」。そして、「削った0を2つ追加する」ことで1800。実際の答えは1674ですから100以上ズレがありますが、「規模感」をつかむ上では十分ではないでしょうか。

多くの人は、「正確な数字を求めなければ」と思うあまり、2ケタ×2ケタの掛け算が出てきた瞬間、思考停止に陥ってしまいがちです。「ざっくりでいい」と割り切り、アバウトでいいので答えを出そうとする。この姿勢が重要なのです。

「大きすぎるケタ」を攻略する

大きな数字は分解するという発想を持つ

「動画のサブスクの勢いすごいですよね。 毎月たった1000円ですからね。 会員はもう100万人を突破したらしいですよ」

「毎月10億円も固定収入があれば、 広告をいくらでも打てるよね」

「あ、 また暗算力を見せつけようとしてますね。 今度はどんな複雑な計算を?」

「これは計算なんてもんじゃない。 覚えているだけだよ」

「全部の掛け算の答えを覚えているっていうんですか? 気持ち悪いですね」

「言葉の選び方には気をつけようね。 そうじゃなくて、 単に『ケタの繰り上げ方』を覚えているっていうことだよ。 これを覚えているとケタ数の多い計算が瞬時にできるようになるんだ」

「経営戦略室に来てからケタ数が多い資料ばかり見せられて辟易(へきえき)していたところでした。 ぜひ、 教えてください」

＊日常で多用する４ケタ以上の計算も暗算できる

　２ケタ暗算を理解したところで、残念ながら日常で使う数字のほとんどは２ケタでは収まりません。レストランでの食事は数千円から万単位（４〜５ケタ）ですし、年収は数百万〜数千万円（７〜８ケタ）ですし、仕事で使う数字となると億単位、兆単位になってきます。

　こうした「膨大なケタ」とうまく付き合う最もいい方法は、「ケタを削除する」ということです。

　1200×1000なら、00を２つずつ削って12×10＝120にする。

　そのうえで、削った０を４つ足すと、

120＋0000＝1200000

というわけです。

　この方法は先ほどの２ケタの応用だと思えばすんなりわかるのではないでしょうか。日常的にも使うシーンは多いと思うので、すでに活用している方もいると思います。

　重要なのはこの先です。

「数字の繰り上がり方」をいくつか記憶していると、その先の暗算が一気に速くなるのです。

　まず、日本語では０が４つで呼び方が変わっていきます。

　具体的には、４つごとに「万→億→兆」と変化していきます。

　つまり、120に０が４つ加わるとケタが「万」になる。

120 + 0000 = 120万

というわけです。

これを覚えておくと、

「1万人から1万円集めたら？」

といった問いにすぐに答えられるようになります。

そう、答えは「1億円」です。

1億×1万は「1兆」となり、1億×1億は「1京」です（あまり使う単位ではありませんが）。

これは計算というより、記憶力の問題であり、さらに言えば反復練習することで条件反射のように瞬時に答えが出てくるようになるのが理想です。

ということで、やってみましょう。

1万 × 1万 = 1億　$\left\langle \begin{array}{l} \textbf{10000} \times \textbf{10000} \\ = \textbf{1 0000 0000} \end{array} \right.$

練習問題

次の問題を漢字の単位を使って解答しましょう。

⑴　$100 \times 10000 =$

⑵　$250 \times 1000 =$

⑶　$2000 \times 10000 =$

(1) $100 \times 10000 = 1\ 00\ 0000$

$100 + 0000 = 100$万

(2) $250 \times 1000 = 25\ 0\ 000$

$25 + 0\ 000 = 25$万

(3) $2000 \times 10000 = 2\ 000\ 0000$

$2000 + 0000 = 2000$万

　ところで、1200000のようなケタ数の多い数字は読みにくいため、多くの場合、1,200,000のように「カンマ」が振られています。

　このカンマの位置は3ケタごとで、カンマごとに「千」「100万」「10億」「1兆」というように繰り上がっていきます。

　日本語の「4ケタごとに繰り上がる」というルールと違うため、覚えにくいと感じる人も多いと思います。

　3ケタごとに位がthousand（サウザンド・1000）、million（ミリオン・100万）、billion（ビリオン・10億）、trillion（トリリオン・1兆）と繰り上がっていく英語に合わせて作られたルールなので、このようになっているのです。

　ルールである以上仕方がないので、これも記憶して、条件反射で答えられるようにしてしまいましょう。

つまり、こういうことです。

1000×1000で100万（1,000×1,000＝1,000,000）

1000×100万で10億（1,000×1,000,000＝1,000,000,000）

100万×100万で1兆（1,000,000×1,000,000

＝1,000,000,000,000）

1,000 × 1,000　＝　1,000,000　　　　　　　　100万

1,000 × 1,000,000　＝　1,000,000,000　　　　　10億

1,000,000 × 1,000,000 ＝ 1,000,000,000,000　　1兆

　むしろ、3ケタごとのほうがケタ数が少ない分、具体的にイメージしやすいというメリットもあります。

　私はかつて、

「1,000人の顧客に2,000円の商品を販売したら、
**　売上は2百万円」**

「1,000人の顧客から3百万円の預金を集めたら、
**　預金総額は30億円（3十億円）」**

といった事例を叩き込むことで、このような数字の計算が瞬時にできるようになりました。

　冒頭の会話で白くま主任が、

「毎月1,000円で会員が100万人なら10億円」

という計算がすぐにできたのも、このような計算式が頭に入っているからでしょう。

　これもまた、反復トレーニングが効果を発揮します。以下の例題をやってみてください。

応用問題

　（例）のようにカンマを振ったり変換をしたりしてみましょう。

（例）
- 10000　→　10,000
- 10,000　→　1万
- 10万　→　100,000

⑴　**2000**　→

⑵　**1億**　→

⑶　**20,000,000**　→

⑴ **2000** → **2,000**

⑵ **1億** → **100,000,000**

⑶ **20,000,000** → **2000万**

第 3 章

すごい人の条件は、算数のスキルだけだった

——信頼と自信も得られる魔法の力

概算を出せるようになった
ところからすべてが始まる

＊1ケタ台の計算まで暗算できる

　第2章をふまえて、「概算」で導き出せる数字は意外と正確な数字に近いことがわかったと思います。

　ケタが多く複雑な計算も、概数とざっくり暗算を用いれば、それほど警戒すべき相手ではありません。数字に苦手意識を持っているあなたも、「思ってたよりわかる」と手応えを感じているのではないでしょうか。

　そうはいっても、「概数」は万能ではありません。

　どんな計算テクニックにも共通して言えることですが、求められる数字のレベルや質問の意図によって、計算方法には向き・不向きがあります。計算問題で、使う公式が間違っていると正しい答えが導き出せないのと同じように、誤った計算テクニックを使用すると、予期せぬトラブルを招いてしまう可能性もあるのです。

　概数が役立つ場面を考えてみましょう。

「今月は売上〇〇円台いけそうです」「A社から〇〇台発注をもらえそうです」といったように、売上が確定する前段階の暫定的な報告や進捗確認、雑談の場では有効そうです。

　しかし、クライアントへのプレゼンやコンペ、社内の重要な

会議などではどうでしょうか。

　もちろん、このような場では事前に資料や数字を準備しているはずです。

　でも、いきなり「価格をあと340円値上げして、1万個売ったら？」と準備していない数字を聞かれて、「ざっくり〇〇ぐらいですね」と答えてしまったら？

　仮に大まかな数字が合っていたとしても、重要な数字を概数で答えるビジネスパーソンは、「いい加減な担当者」という印象を与えかねません。

　だからといって、スマホや電卓を取り出していちいち計算している余裕がないのも事実。頭で計算するしかないけれど、間違えてクライアントや上司から「こんな簡単な計算もできないのか」と思われたくない……。計算が苦手な人が陥りがちなジレンマです。

　そんなときに役立つのが、「BOX暗算」をはじめとした暗算で正確に計算するためのテクニックです。

　数字が苦手な人の中には、学生時代、複雑な計算を解くために細かく途中式を書いたり図を描いたりと、自分なりに数字を理解しようと努力した方もいたのではないでしょうか。
「BOX暗算」も、見方を変え暗算をしやすくするための手法のひとつです。

　本章では、私が普段から活用している簡単な暗算法を3つご

紹介したいと思います。コツさえ知ってしまえば、すばやく正確に計算が行える便利な方法があるのです。

　まだ数字に苦手意識がある方も「難しそう」と思い込まず、チャレンジしていきましょう。スポーツと同じで、計算力は練習を重ねないと身についていきません。

　それに、「概算」の計算トレーニングについてこられたあたなら大丈夫。本章で暗算のコツをマスターすれば、プレゼン中の予期せぬ質問にも、自信を持って答えられるはずです。

「2ケタの掛け算」を
一瞬で正確に

「あれ、どこに行ってたの?」

「部長のところです。昨日主任に言われて出した書類の件で怒られちゃいました」

「私も確認したはずだけど、どこか間違ってたのかい?」

「いや、数字は合ってたんですけど……」

「じゃあどうして?」

「『この欄の数字を76に変えて再計算してみろ』って言われたから、主任に教わったざっくり暗算ですぐ答えたんです」

「さっそく使ったんだ。どうだった?」

「そしたら部長、急に『そんなアバウトな数字はいらない! こんな計算もできないのか!』って怒りだしちゃって」

「なるほど、ちょっと見せて。……ああ、これはアザラシが悪いかもね」

「なんでですか?」

「部長がほしかったのは多分、正確な数字だったん

だよ」

「でも、 その場で正確な数字を暗算で出すなんて、
私には無理ですよ……」

「まあまあ。 暗算でも正確な数字を出す方法はある
から、 落ち込まないで」

「なんだ、 あるなら早く教えてくださいよ〜」

「……君が怒られるのはその言い方もあると思うよ。
教えるからメモ帳取っておいで」

「メモ帳? そんなに複雑なんですか?」

「むしろ簡単だよ。 この計算法は、 紙に書いたほう
がわかりやすいんだ」

Let's read

＊計算式が苦手なら絵にしてしまう

　暗算で瞬時に2ケタ以上の正確な計算をするのは、日常的に
数字に触れている人でも大変です。

　ソロバンが得意な人や「インド式掛け算」を小さい頃から
やっていた人は一瞬で解けるかもしれませんが、多くの社会人
は考え込んでしまうでしょう。

　そんなときに活躍するのが、「BOX暗算」という計算法です。

「BOX暗算」とは、頭の中で箱の大きさを考えながら解いてい

〈計算方法〉

　たとえば、34×42＝？

　なら、箱の縦部分に34、横部分に42と数字を当てはめて考えます。

　34×42は分解すると（30＋4）×（40＋2）のため、箱の縦部分が30と4、横部分が40と2。つまり、30×2、4×40、4×2、30×40の合計4つの箱が完成します。

　あとは下記のように計算して、それぞれの箱の大きさを足していくだけです。

① $40 \times 4 + 30 \times 2 = 160 + 60 = 220$
② $4 \times 2 = 8$
すると、
①＋②＝228
③ $30 \times 40 = 1200$
最後に残った数字を足して、
$228 + 1200 = 1428$
と2ケタ同士の正確な数字を計算できます。

　最初は紙に書きながら計算したほうが理解しやすいため、実際に箱と数字を書いて、練習してみましょう。

	40	**2**
4	$4 \times 40 = 160$	$4 \times 2 = 8$
30	$30 \times 40 = 1200$	$30 \times 2 = 60$

$160 + 60 = 220$
$220 + 8 = 228$
$228 + 1200 = 1428$

　紙で計算する際に注意してほしいのは、数字が大きく、目に入りやすい30×40から計算を始めてしまうことです。

　実際には、これらを頭の中で計算しなくてはなりません。そのため、**掛け算をする順番も重要になってきます。**

　もし、「30×40ならすぐに計算できるし、ここからやってみよう」と計算してしまった場合、脳のワーキングメモリを大きく消費してしまうのです。

① $30 \times 40 = 1200$

② $1200 + 40 \times 4 = 1200 + 160 = 1360$

③ $1360 + 30 \times 2 = 1360 + 60 = 1420$

④ $1420 + 4 \times 2 = 1428$

どこから計算しても辿り着く答えは同じです。

しかし、1200、1360、1420と計算するたびに大きくなっていく数字を記憶しておくのは、いささか大変ではないでしょうか。

それよりは、

① まず「2ケタ×1ケタ」の掛け算をして、答えを足す

② 1ケタ同士の掛け算をして、答えを①に足す

③ ①+②の答えに「2ケタ同士の掛け算」の答えを足す

としたほうが、脳への負担も少なそうです。

もう2問ほどやってみましょう。

$37×23 = ?$

まず、それぞれの数字を分解して

$(30+7)×(20+3)$

とします。

次に、2ケタ×1ケタの計算をして、

$30×3 = 90$

$20×7 = 140$

$90+140 = 230$

	20	3
7	$7×20$ $=140$	$7×3$ $=21$
30	$30×20$ $=600$	$30×3$ $=90$

続けて、1ケタ同士の掛け算をして、

$3×7 = 21$

計算した2つの答えを足すと、230＋21＝251。

最後に、残った2ケタ同士の掛け算をして、

$30 \times 20 = 600$

600と251を足すと、851という答えが導き出せます。

$13 \times 35 = ?$

この場合も、これまで解いて来た2つの問題と同じです。

今度は計算式だけで見てみましょう。

$$13 \times 35 = (10 + 3) \times (30 + 5)$$
$$10 \times 5 + 30 \times 3 = 50 + 90 = 140$$
$$3 \times 5 = 15$$
$$140 + 15 = 155$$
$$10 \times 30 = 300$$
$$300 + 155 = 455$$

　最初は複雑に見えていたBOX暗算の計算式が、スルスルと読めるようになっているのではないでしょうか。

　ここまでくれば、あとは頭の中で瞬時にBOX暗算ができるようトレーニングするだけです。

　私がおすすめするのは、デジタル時計の「時間×分」や車のナンバーの「前2ケタ×後ろ2ケタ」で掛け算をする方法。身近にある数字のため空き時間でどこでも計算できますし、脳ト

レにもなります。

　結局のところ、暗算をすばやく行うには、何度も計算して脳を慣らしていくしかないのです。

　はじめは時間がかかってしまっても、計算力トレーニングを重ねていくうちに、自然と「2ケタ同士の掛け算」を解くスピードも上がっていくはず。

　何度も練習して、頭の中で計算を解くクセをつけていきましょう。

練習問題

　次の式を「BOX暗算」を用いて計算しましょう。

(1)　$43 \times 17 =$

(2)　$27 \times 35 =$

(1) $43 \times 17 =$

BOXにあてはめる

	10	**7**
3	$10 \times 3 = 30$	$7 \times 3 = 21$
40	$10 \times 40 = 400$	40×7 $= 280$

❶2ケタ×1ケタの掛け算をする

$10 \times 3 = 30$
$40 \times 7 = 280$
$\rightarrow 30 + 280 = 310$ ……❶´

❷1ケタ同士の掛け算をする

$7 \times 3 = 21$
$310 + 21 = 331$ ……❷´

❸❷´に2ケタ同士の掛け算の
答えを足す

$10 \times 40 = 400$
$400 + 331 = \underline{731}$

(2) $27 \times 35 =$

BOXにあてはめる

	30	**5**
7	$30 \times 7 = 210$	$5 \times 7 = 35$
20	$30 \times 20 = 600$	5×20 $= 100$

❶2ケタ×1ケタの掛け算をする

$30 \times 7 = 210$
$5 \times 20 = 100$
$\rightarrow 210 + 100 = 310$
……❶´

❷1ケタ同士の掛け算をする

$5 \times 7 = 35$
$310 + 35 = 345$ ……❷´

❸❷´に2ケタ同士の掛け算の
答えを足す

$30 \times 20 = 600$
$600 + 345 = \underline{945}$

企業のややこしい数字は「ゾロ目」で解決

 「今度は何を見ているんだい?」

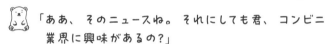 「世界の小売業ランキングです。 セブン&アイホールディングスが小売業で世界15位になったって話題の。 ネットでトップニュースになっていましたよ」

「ああ、 そのニュースね。 それにしても君、 コンビニ業界に興味があるの?」

「いやいや、 私はこの業界一筋ですよ。 経営戦略室のメンバーたるもの、 常に他企業の情報は頭に入れておかないといけませんからね。 それでチェックしてるだけです」

「言い方がなんだか癪に障るけど、 いい心がけだね。 どれどれ……5年で売上が約1.6倍か」

「あれ、 そんなことどこに書いてありました?」

「書いてないよ。 計算したんだ」

「またまた得意の暗算ですね。 今度はどんな方法を使ったんです?」

「『2016年から2021年の年平均成長率が9%』という情報から、 仮に10%として試算したんだよ」

「……言ってることはわかりますけど、頭の中でそんなにすぐできるものですか?」

「年10%の成長ってことは、1年で1.1倍ずつ売上が上がってるということだろう? つまり、2年で1.2倍、3年で1.3倍……」

「ちょ、ちょっと待ってください。本当にそんな数字を全部覚えてるんですか?」

「さすがに5年間の売上を見るなら電卓を使ったほうが楽だと思うけどね。でも、2年分くらいならすぐにできる方法があるよ」

「それって主任の記憶力がすごいだけなんじゃ……。でも、計算得意になりたいので教えてください」

Let's read

＊社会人でも九九のように使える式がある!

　事業の成長率や担当エリア実績、受注率、売上など、仕事をしているとさまざまな数字を目にします。

「毎年エリア実績を10%アップしていこう!」

「2年で売上2倍アップを目指そう!」

　など、会社から目標を組まれることもよくありますね。

　でも、実際にはどれぐらいのスケールの話なのでしょうか。

　実績10%アップを2年連続で達成したときの事業規模は?

　2年間で売上を2倍にするために必要な成長率は?

これらの計算を瞬時に行えるのが「ゾロ目計算」です。

$1.1 \times 1.1 = 1.2$	(1.21)	イチイチ・イチニ
$1.2 \times 1.2 = 1.4$	(1.44)	イチニ・イチヨン
$1.3 \times 1.3 = 1.7$	(1.69)	イチサン・イチナナ
$1.4 \times 1.4 = 2.0$	(1.96)	イチヨン・ニイゼロ
$1.5 \times 1.5 = 2.3$	(2.25)	イチゴ・ニイサン
$1.6 \times 1.6 = 2.6$	(2.56)	イチロク・ニイロク
$1.7 \times 1.7 = 2.9$	(2.89)	イチナナ・ニイキュー
$1.8 \times 1.8 = 3.2$	(3.24)	イチハチ・サンニ
$1.9 \times 1.9 = 3.6$	(3.61)	イチキュー・サンロク

★カッコ内は小数点2ケタまでを表記しています

上の表は、仕事でよく使う1.1×1.1～1.9×1.9の「ゾロ目計算」を一覧にしたものです。

例と一緒に使い方を見ていきましょう。

たとえば、エリア実績10%アップを2年続けたときの事業規模を考える場合。

10％アップ＝1.1倍のため、表の1.1×1.1の部分を確認します。答えは1.2。つまり、2年間で1.2倍エリア実績を拡大できたということです。

　では、受注率20％アップを2年間達成したときの受注件数は？

　1.2×1.2＝1.4で、受注件数が2年で1.4倍になったとわかります。

　このように、**ゾロ目計算を使えば、同じ割合で増加していく数字を簡単に計算できるようになります。**

　加えて、「2年間で売上を2倍にするために必要な成長率は？」という質問にも対応可能です。

　表を見てみると、答えが2になっているのは1.4×1.4のみ。よって、2年間で売上を2倍にするには、現在の1.4倍＝40％の成長をすればよいとわかります。

　現実的に考えると、年率40％成長を2年連続で行うのはかなり大変です。しかし、がむしゃらに「売上2倍」という目標に向かって頑張るより、**具体的な数字を見て戦略を立てたほうが目標を達成しやすい**のは言うまでもありません。

　ビジネスの現場では、こういった数字の計算が頻出します。特に、企業の長期プランを考える際や、経営コンサルタントが新規事業の成長シナリオを描く際には欠かせません。

　そのために、よく使う数字をあらかじめ暗記してしまおうと

いうのが、「ゾロ目計算」なのです。

　ゾロ目計算を使いこなせれば、
「2年連続で20％成長を達成！」
　といった企業のニュースを目にしたときに、
「じゃあ、売上は1.4倍になったんだな」
　と瞬時に計算することができます。
　反対も同じです。
「2年後に売上を1.7倍にしたい」
　と相談されたとき、ゾロ目計算を覚えていれば、
「では、1年で30％成長を目指しましょう」
　とすぐさま具体的な数字を提案することができるのです。
　数字に強い経営者や経営コンサルタントは、このようにして
瞬時に計算を行っています。
　どれも仕事で使う頻度が高い数字のため、丸ごと覚えてしま
いましょう。

　**数字を覚えるのが難しい場合は、語呂合わせで暗記していく
のがおすすめです。**先ほどの表に語呂合わせの読み方も入れて
おくので、試してみてください。
「イチイチ・イチニ」といったように、九九の要領で唱えてい
くと、案外、簡単に覚えられます。

　暗記のためにも、まずは表を見ながらすばやく答えを求める計算をしましょう。

$1.1 \times 1.1 = 1.2$ (1.21)	イチイチ・イチニ
$1.2 \times 1.2 = 1.4$ (1.44)	イチニ・イチヨン
$1.3 \times 1.3 = 1.7$ (1.69)	イチサン・イチナナ
$1.4 \times 1.4 = 2.0$ (1.96)	イチヨン・ニイゼロ
$1.5 \times 1.5 = 2.3$ (2.25)	イチゴ・ニイサン
$1.6 \times 1.6 = 2.6$ (2.56)	イチロク・ニイロク
$1.7 \times 1.7 = 2.9$ (2.89)	イチナナ・ニイキュー
$1.8 \times 1.8 = 3.2$ (3.24)	イチハチ・サンニ
$1.9 \times 1.9 = 3.6$ (3.61)	イチキュー・サンロク

★カッコ内は小数点2ケタまでを表記しています

(1)　部署の目標顧客獲得数が2年連続20%増えた場合の実績の増減は?

(2)　2年間で売上を3倍にするのに必要な成長率は何%?

(3)　店舗実績が年連続30%アップしたときの店舗実績は何倍?

解答　(1) 1.4倍　(2) 70%　(3) 1.7倍

　また、「ゾロ目計算」は、

「年利20％で5年間資産運用をしたらいくら増えるのか？」

　といった投資や金融の計算にも活用できます。資産運用に興味がある方も覚えておいて損はないでしょう。

　年利が20％で5年ということは、

$$1.2 \times 1.2 \times 1.2 \times 1.2 \times 1.2 = 2.5\,(2.48)$$

　もし100万円で資産運用をしていたら、2.5倍の250万円になるという試算ができます。

　もう一問やってみましょう。

　年利10％の投資を10年間継続した場合の利益は？

　年利10％ということは1.1倍なので

$$1.1 \times 1.1 \times 1.1 \times 1.1 \times 1.1 \times 1.1 \times 1.1 \times 1.1 \times 1.1 \\ \times 1.1 = 2.6\,(2.59)$$

　10年後に元金が2.6倍になると計算できるのです。

　もうお気づきかと思いますが、**ゾロ目計算は中学校数学で習う「1.1の〇乗」（累乗）といった考え方で計算できます。**

　5年や10年といった長期スパンの事業や課題を考える際は電卓を使ったほうが早い場合も多いため、ゾロ目計算の式を使えば簡単に答えが出せる、と覚えておけばよいでしょう。

　もし仕事でよく使う年数や割合がある場合は、その数字に

絞って暗記していくのも効果的です。

5年用ゾロ目計算テーブル

$1.1 \times 1.1 \times 1.1 \times 1.1 \times 1.1 = 1.6$ (1.61)	
$1.2 \times 1.2 \times 1.2 \times 1.2 \times 1.2 = 2.5$ (2.48)	
$1.3 \times 1.3 \times 1.3 \times 1.3 \times 1.3 = 3.7$ (3.71)	
$1.4 \times 1.4 \times 1.4 \times 1.4 \times 1.4 = 5.4$ (5.37)	
$1.5 \times 1.5 \times 1.5 \times 1.5 \times 1.5 = 7.6$ (7.59)	
$1.6 \times 1.6 \times 1.6 \times 1.6 \times 1.6 = 10.5$ (10.48)	
$1.7 \times 1.7 \times 1.7 \times 1.7 \times 1.7 = 14.2$ (14.19)	
$1.8 \times 1.8 \times 1.8 \times 1.8 \times 1.8 = 18.9$ (18.89)	
$1.9 \times 1.9 \times 1.9 \times 1.9 \times 1.9 = 24.8$ (24.76)	

10年用ゾロ目計算テーブル

$1.1 \times 1.1 \times 1.1 \cdots\cdots \times 1.1 = 2.6$ (2.59)
$1.2 \times 1.2 \times 1.2 \cdots\cdots \times 1.2 = 6.2$ (6.19)
$1.3 \times 1.3 \times 1.3 \cdots\cdots \times 1.3 = 13.8$ (13.78)
$1.4 \times 1.4 \times 1.4 \cdots\cdots \times 1.4 = 28.9$ (28.92)
$1.5 \times 1.5 \times 1.5 \cdots\cdots \times 1.5 = 57.7$ (57.66)
$1.6 \times 1.6 \times 1.6 \cdots\cdots \times 1.6 = 110$ (109.95)
$1.7 \times 1.7 \times 1.7 \cdots\cdots \times 1.7 = 201.6$ (201.59)
$1.8 \times 1.8 \times 1.8 \cdots\cdots \times 1.8 = 357$ (357.04)
$1.9 \times 1.9 \times 1.9 \cdots\cdots \times 1.9 = 613.1$ (613.10)

応用問題

ゾロ目計算テーブルを用いて、次の問題を解きましょう。

(1) インフレ率が2%の日本と、5%のアメリカ、5年後は
　　どれだけ差がつくでしょうか。

_____ ％

(2) あなたは首相になりました。10年でGDPを2倍にす
　　るには、年間何％の成長率が必要でしょうか。

_____ ％

⑴ 日本とアメリカ、それぞれの成長率を求めます。

日本：$1.02 \times 1.02 \times 1.02 \cdots\cdots \times 1.02 = 1.1$

アメリカ：$1.05 \times 1.05 \times 1.05 \cdots\cdots \times 1.05 = 1.27 \fallingdotseq 1.3$

5年後の成長率がそれぞれ出たので、減算で差を計算します。

$1.3 - 1.1 = 0.2$

0.2 の差

⑵ 10年用ゾロ目計算テーブルを活用します。

GDPを2倍にするので、割合をZとすると、

$Z \times Z \times Z \cdots \times Z = 2$ の式ということになります。

10年用ゾロ目計算テーブルでは、年間10%の成長の場合、

$1.1 \times 1.1 \times 1.1 \cdots\cdots \times 1.1 = 2.6$（倍）

と、オーバーしていることがわかります。ここで、年間の成長

率は10%以下だと見当がつきます。

2.6倍を2倍に近づけるためには10%の成長率より「ちょっと」

少なめにする、と考えると、

「ざっくり」計算で、7%と仮定してみましょう。

$1.07 \times 1.07 \times 1.07 \cdots\cdots \times 1.07 = 1.96 \fallingdotseq 2.0$

ほぼ2倍になったので、年間の成長率は7%だとわかります。

「逆数」で概算よりも
正確な数字を求める

「あれ、 お昼行かなかったの?」

「今月金欠なんですよ。 だから節約しなくちゃいけなくて……」

「へえ、 君がそんなに使い込むなんて、 何か趣味でもできたの?」

「まあそんなところです。 それに、 社会保険料もどんどん上がってるって言うじゃないですか。 これじゃあ昇給しても手取り変わらないですよ」

「国の社会保障費も年々高くなってるからね。 確か去年が約37兆円だったっけ」

「ざっくり総人口1億人で計算しても、 1人あたり37万円ですからね。 仕方がないとはいえ、 私たち若手世代にとっては痛い出費です」

「使いこなしてるねえ。 でも、 正確には日本の人口は約1億2000万人だよ」

「こういうときはいいじゃないですか。 私はもう『ざっくり』 の使いどころを覚えましたからね!」

「確かに、 あれ以来部長から怒られることもなくなったよね。 でも、 1.2億人で考えると1人あたり約30

万円だから、 かなり金額差があると思うよ」

「ぐっ、 そうかもしれませんけど……。 じゃあ、 主任にはすぐに 1.2 億の計算をするコツがあるんですか?」

「うん。 逆算をすれば、 簡単に概算より近い数字を割り出せるんだ」

Let's read

＊「逆数」を使いこなせば
　原価などミクロな計算もあっという間

　第2章で先に「ざっくり暗算」をご紹介したのは、ざっくりとした数字のニュアンスを知るためであれば、概算で十分だったからです。

　しかし、数字に慣れてきて、より正確に計算しようと思ったら、もう少し細かい数字を使う必要があります。

　たとえば、日本の人口をベースに計算するのであれば、1億人よりも 1.2 億人と考えるほうがより正確です（2023年9月時点の人口は約1億2434万人）。

　さて、より正確な数字を出すため「1.2 億人」を分母に計算していくわけですが、暗算で瞬時にこの計算するのは大変です。
　そこで、「逆数」が役立ちます。
　逆数とは、ある数を1で割ったときに、元に戻すために使う

数字のこと。具体的には、1.1に何を掛けたら1になるのか、あるいは1.6に何を掛ければ1になるかということです。

1.1の場合は1.1×x＝1。つまり1÷1.1＝0.91が逆数となります。

1.6なら1÷1.6で、逆数は0.63です。

ビジネス現場では、1.1〜1.9の間の割り算がよく登場します。そのため、頻繁に使う数字をあらかじめ覚えてしまおうというのが「逆数」なのです。

1.1〜1.9までのそれぞれの逆数は、下の表のとおりです。

1 = 1.1 × 0.9 (0.91)
1 = 1.2 × 0.8 (0.83)
1 = 1.3 × 0.8 (0.77)
1 = 1.4 × 0.7 (0.71)
1 = 1.5 × 0.7 (0.67)
1 = 1.6 × 0.6 (0.63)
1 = 1.7 × 0.6 (0.59)
1 = 1.8 × 0.6 (0.56)
1 = 1.9 × 0.5 (0.53)

★カッコ内の数字は小数点2ケタまでを表記したものです

この説明だけではよくわからないという方も多いと思いますので、例を挙げて見ていきましょう。

　たとえば、160個の商品の製造コストが2000円だったとします。商品1個あたりのコストはいくらになるでしょうか？

　2000÷160、あるいは0を削って200÷16で計算してから0を戻すのが、一般的な方法です。しかし、これを暗算するのはなかなか難しいでしょう。

　そこで活躍するのが「逆数」を使った計算法です。

　まず、160を切り捨てて暗算しやすい100にしてしまいます。すると、2000÷100＝20。ここまでは簡単です。

　そこに、1.6の逆数を掛けていきます。

　表を見てみると、1.6の逆数は0.63。アバウトに0.6と考えていいでしょう。なので、答えは、

20円×0.6＝12

　つまり、1個あたり12円となります。

　2000÷160を実際に計算してみると12.5円なので、答えにほとんど差はありません。

　今行ったのは、切り捨てによって160を100として計算し、後から削った分の60を戻して答えを出す方法です。

　160を100にしたということは、

$100 \div 160 = 0.625$

つまり、約6割にしたということになります。

「2000÷100」は、2000円を約6割の数字（100個）で割っていることになるので、今度はその6割を掛ければプラスマイナスがゼロになり、本来の答えに近い数字が出るはずです。だから、最後に0.6を掛けたのです。

つまり、150や1200といった数字が出てきたら

① 切り捨てして、100や1000といった数字で計算する
② その後、1.5や1.2の逆数を掛けて答えを出す

という順序で計算していきます。

どれだけケタが大きくなっても計算方法は同じです。

小学校で九九を暗記したように、1.1〜1.9までの逆数を暗記しておけば、いざというときにすぐ暗算で計算できます。

ただ、「9つも数字を覚えるのは大変だ」という方もいるでしょう。その場合は、数字の流れを覚えておけば問題ありません。

改めて表を見てみると、逆数にはある一定の流れがあることがわかります。

1.1の逆数は「0.9」

1.2と1.3の逆数は「0.8」

1.4と1.5の逆数は「0.7」

1.6から1.8までの逆数はすべて「0.6」

1.9はほとんど2.0に近い数字だから1÷2＝0.5で、逆数は「0.5」

　このように、実際に覚えておくべき数字は「0.9〜0.5」の5つだけなのです。

＊自分がよく使う数字だけ覚えればOK

　また、自分がよく使う数字だけ覚えてしまうのも手です。

　私がおすすめしているのは、1.2の逆数である「0.8」を覚えておくこと。なぜなら12という数字は、さまざまな場面で活用できるからです。

　たとえば、日本人の人口を基準に物事を考える場合。

　冒頭の会話では、社会保障費37兆円という数字から、逆数を使って国民1人あたりの金額を計算していました。

　1.2億人を四捨五入して1億人として、

37兆÷1億＝37万円

　ここに1.2の逆数である0.8を掛けて

　37万×0.8＝296000円。つまり、大体30万円という数字が

導き出せます。

　1年も12ヶ月です。

「社会保障費が1人あたり30万円ということは1ヶ月いくらになるのか」など、ひと月あたりで計算する場合も1.2の逆数が使えます。

　12を四捨五入して、30万÷10＝30000円。

30000×0.8＝24000

　ひと月あたりで考えると、1人2万4000円になることがわかります。

　　社会保険費37兆円÷人口1億人＝37万円
　　本当は1.2億人だから、1.2の逆数0.8を掛ける
　　37万円×0.8＝296,000円≒30万円
　　ひとりあたりの年間社会保険費30万円
　　→1ヶ月あたりの計算

　　30万円÷10＝30,000円　←　ざっくり暗算で
　　　　　　　　　　　　　　　　1ヶ月あたりの
　　　　　　　　　　　　　　　　金額を算出

　　　　　　　　逆数で細かいところ
　　　　　　　　まで計算

　　30000×0.8＝24000
　　1ヶ月あたり1人2万4,000円

このように1.2の逆数は、さまざまな場面で活用できます。特に人口などマクロな視点で物事を考える研究者や国家公務員、政治家などは「0.8」と覚えておくと、役立つ場面も多いでしょう。

　さらに逆数は、日本円を海外通貨へ両替したいときにも活用できます。

　たとえば、日本からアメリカへ旅行するとき。3万5000円分の円をドルに両替するとしたら、いくらになるでしょうか。

　1ドル＝約100円だった時代は、350ドルと瞬時に計算ができました。しかし、今は円安ドル高の時代。2023年には1ドル＝150円の大台を突破し、ニュースになりましたね。

　2024年2月時点での為替レートも1ドルあたり140〜150円付近を行き来していて、仕事で頻繁にドル圏へ行く方や海外旅行が趣味の方にとっては辛い状況が続いています。両替には手数料もかかるため、「なるべく1度で必要な金額分の両替をしたい」というのが、渡航者の本音でしょう。

　では、両替金額を知るにはどうしたらいいのか。近年の為替レートを考慮して、1ドル＝約140円として計算してみます。

　円→ドル両替の計算式は、
「両替する円の合計÷1ドルあたりの円価格」です。
　この式に当てはめると、35000÷140になります。

140を四捨五入して、

$$35000 \div 100 = 350$$

そこに1.4の逆数の0.7を掛けて、

$$350 \times 0.7 = 245$$

答えは約245ドルです。

実際に計算してみると35000÷140で250ドルのため、ちょっと得するイメージでしょうか。

ちなみに、帰国したときに余ったドルを円に両替する場合は、「ドル残金×1ドルあたりの円価格」のざっくり暗算で計算できます。

両替する円の合計 ÷ 1ドルあたりの円価格

↓   ↓

35000   ÷   140

↓   ↓ 四捨五入

35000   ÷   100   = 350

350 × 0.7 = 245   245ドル

1.4の逆数

両替のレートは変動するため、常に1.4の逆数で考えられるわけではありませんが、1ドル140〜150円台の間は「0.7」と

覚えておくとなにかと便利です。

　ほかにも、社員数170人の会社の経営者なら1.7の逆数、定価1300円の商品を扱っている会社の営業マンなら1.3の逆数など、仕事や日常生活で使う数字の逆数がすぐ出てくるようにしておくと、強力な武器になります。社内会議でこうした暗算が瞬時にできれば、周囲からも頭の回転が速い人と思ってもらえるはずです。

　数字自体も単純なので、何問か問題を解いていけば覚えられるはず。練習問題で逆数をマスターしていきましょう。

練習問題

「逆数」を用いて計算しましょう。

⑴　1ユーロ160円のとき、35,000円を換金するといくら
　　になるでしょうか。

_____ ユーロ

⑵　170個入の商品が8,600円で売られていました。1個
　　あたりの金額はいくらになるでしょうか?

_____ 円

(1) 円→ユーロ両替の計算式にあてはめる

35000÷160

   ↓ 160を100にする

35000÷100=350

   ↓ 1.6の逆数0.6を掛ける

350×0.6=210

<u>210ユーロ</u>

（35000÷160=218　ユーロ）

(2) 1個あたりを求める計算式にあてはめる

8600÷170

   ↓ 170を100にする

8600÷100=86

   ↓ 1.7の逆数0.6を掛ける

86×0.6=51.6

    ≒**<u>52円</u>**

（8600÷170=51　円）

＊仕組みがわかれば、逆算も応用できる

応用として、元となる数字が210や3500、つまり逆数が2.1や3.5など1以上になる場合も見てみましょう。

数字が大きくなっても、
①100や1000などの数字で計算する
②逆数値を掛ける
という手順は変わりません。

2.1〜2.2 = 0.5 (0.47〜0.45)	
2.3〜2.8 = 0.4 (0.43〜0.35)	
2.9 = 0.3 (0.34)	
3.1〜3.9 = 0.3 (0.32〜0.26)	
4.1〜4.9 = 0.2 (0.24〜0.20)	
5.1〜5.9 = 0.2 (0.19〜0.16)	

表からもわかるとおり、数字が大きくなればなるほど逆数のレンジは狭くなり、覚える数字も少なくなっていきます。

2.1〜2.9の場合は、2.1〜2.2が0.5、2.3〜2.8が0.4、2.9が0.3です。つまり、「0.5、0.4、0.3」の3つの数字を覚えておけ

ば、210や2600といった数字が来ても計算できます。

3.1〜3.9に関してはさらにレンジが狭くなり、「0.3」。

4.1〜4.9と5.1〜5.9は「0.2」です。

逆数は、ある数値を1で割ったときに、それを戻すための数字。つまり、1÷xで計算できます。社員が200人以上いる会社の経営者や大きな数を扱う仕事をしている方は、1.1〜1.9以外にも、よく使う数字の逆数を覚えておくと便利です。

逆数の考え方はざっくり暗算と似ているため、どちらかひとつでいいと思う方もいるかもしれません。しかし、逆数を使うことでより正確な数字を摑むことができ、一見大きな数字でもミクロに扱えるようになります。

まずは概算で考え、その次により正確な数字に変換して、もう一度考える。こうした頭の使い方ができるようになると、計算力だけでなく、数字を使った論理的な思考も身についていくはずです。

応用問題

(1) 260人参加する説明会に使用できる経費は255,000円です。1人あたりの費用の半分使ってお弁当を用意する場合いくらになるでしょうか。

_____ 円

(2) 結婚式の招待客が310人になりました。お食事代の予算が380万円の場合、8,000円、1万円、1万2000円のうちどのコースが選べるでしょうか。

_____

(1)

255000 ÷ 260

↓ 260を100にする

255000 ÷ 100 = 2550

↓ 2.6の逆数0.4を掛ける

2550 × 0.4 = 1020

1人あたりの費用は1,020円。

そのうち半分が使用できるので、

1020 ÷ 2 = 510

となり、お弁当に使用できるの

は、**510円**

(255000 ÷ 260 = 980

980 ÷ 2 = 490)

(2)

3800000 ÷ 310

↓ 310を100とする

3800000 ÷ 100 = 38000

↓ 3.1の逆数0.3を掛ける

38000 × 0.3 = 11400

→1万円くらい

⇒ **1万円のコース**

(3800000 ÷ 310 = 12258 な

ので、1万2000円のコースで

も大丈夫)

第4章

こうしてあなたも「すごい人」になる

——変えるのは計算するときの「考え方」だけ

大きな数字も
置き換えればこわくない

　新聞やテレビ、ネットニュースなどを見ていると、あらゆる数字が目に飛び込んできます。

- 日本の国家予算の総額が114兆円に
- 名目GDP600兆円の大台突破も視野
- メジャーリーガー・大谷翔平選手の契約移籍料が約1015億円に決定

などなど。

　私たちは日常的にさまざまな数字を目にしています。

　部署によっては、自社の決算書や四季報の業績、他企業のデータ収集などで毎日膨大な数字と向き合わなければならない人もいるでしょう。

　しかし、人は大きすぎる数字を目にすると、あまり深く受け止めずスルーしてしまうもの。莫大な金額だと思うことはあっても、その金額が高すぎるのか妥当なのか、具体的に考えるのは難しいものです。計算力トレーニングを通じて多少数字に慣れてきたとしても、大きな数字を仕事や日常で使いこなすのは簡単ではありません。

　なぜでしょうか。理由は単純で、**現実味がないからです**。

　実際に1億円や10億円といった金額の札束を目にしたこと

があれば話は別ですが、そうではない多くの人は、ニュースに出てくるような金額を現金でイメージすることすら困難でしょう。「1億円あれば、1000万円のスポーツカーが10台買える」と言われても、よほどの車好きでない限りピンとはきません。

　そのため、国の動向や仕事に関わる重要な数字とわかっていても、なかなか頭に入ってこないのです。

　2024年1月に発生した「令和6年能登半島地震」では、首相が自らX（旧Twitter）で情報発信を行っているのが話題となりました。

　そのポスト（投稿）のひとつに、

（前略）財政的制約で対応を躊躇することがあってはならず、令和6年度予備費を1兆円に倍増するとともに、1500億円を超える予備費使用の閣議決定を行いました。

　というお知らせがあります。

　復興のため緊急で行うべき施策をまとめたポストで、要約すると、迅速に支援を行うため、国家予算から上記金額を使えるようにした、というものです。

　しかし、このポストを見ても「多額の予算が動いているのはわかるけど、具体的な金額の規模感はイマイチわからない」というのが正直な感想ではないでしょうか。

実際のポストには復興支援の詳細画像が添付されており、それぞれ細かく助成金の金額等も記載されていましたが、それでもイメージが湧きづらいという方がほとんどだと思います。

　1500億円の予備費使用は高いのか安いのか。1兆円に倍増すると何ができるのか。正確にわかるのは、復興支援に当たっている現場の方たちと国会議員ぐらいでしょう。

　では、これが自社の数字だったとしたら？
「上層部の会議で1500億円分を経費に充てることになった。うちの部署にもくるみたいだから、何かいい使い道を考えておいて」

　上司からそう言われたら、自分の部署にはどれくらいの経費がきて、何が買えるのか。今足りないものは何なのか。1人あたりにしたら、いくら使えるのかなどを自分事として考えるのではないでしょうか。

　本章でご紹介するのは、このように**大きな数字を自分事として捉えられるようになる「置き換えの手法」**です。

　経営者やコンサルタントもよく使っているテクニックで、大きな数字を変換することで「数字の意味」を理解し、膨大な数字を扱えるようにします。応用すれば、数字で未来を語ることも難しくないでしょう。

「未来」と聞くと複雑な感じもしますが、そこまで難しい計算

式は登場しません。「足す」「引く」「掛ける」「割る」の基礎的な四則演算と、小学校で習う「確率」が中心となります。

　大きな数字もシンプルな数の並びに置き換えてしまえば、やることはこれまでと同じです。本書で身につけてきた計算力を信じてトライしてみましょう。

「＠変換」であらゆる数字を自分事にする

「会議室片付けておきました」

「いつもありがとね」

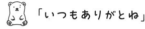「まだまだ経営戦略室じゃ新人なんで、これぐらい当たり前です。そういえば主任、あの会社のことは元々調べてたんですか?」

「いや、今日初めて知ったよ」

「じゃあ、魔法でも使ってるんですか?」

「ん、何が?」

「だって、いきなり商品構成とか人件費とか当てて見せたじゃないですか。まるで魔法ですよ」

「ああ、それほど難しいことじゃないよ。これもあくまで『計算』しただけ」

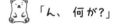「だんだん主任が数字の魔術師に見えてきました」

「褒めても何も出ないよ。それに、『＠変換』を使えば誰でも計算できることだから」

「アットマーク変換? 初めて聞きました」

「学校では習わないからね。でも、＠変換を使え

ば、どんなに大きな数字でもやさしい数字に置き換えられる**んだ**。応用すれば、さっきみたいに予算から1人あたりにかかる人件費を計算できるんだよ」

「わかったような、わからないような……もう少し詳しく教えてください」

「もちろん。例を出しながら解説していくよ」

Let's read

＊＠変換でわかりやすい数字に置き換え、
計算のハードルを下げる

　数字に強い人は、自社の売上や決算額、顧客データ、ライバル企業の業績など、あらゆる数字を読み込んで、数字で話すことを心がけているものです。

　しかし、数字そのものに苦手意識があると、
「金額が大きすぎてさっぱり頭に入ってこない」
「大きい数字を見ると、反射的に無理だと思ってしまう」
ということも珍しくないでしょう。もしかしたら、この本を手に取ってくれたあなたにもそのような経験があるかもしれませんね。

　では、できる人たちはどのようにして数字に強くなったのでしょうか。

　大きな数字をわかりやすく捉えるコツは、「自分事」にしてし

まうことです。

　本書では、そのための手法を「＠変換」と呼んでいます。

　たとえば、

- 日本の国家予算114兆円
- トヨタ自動車の売上37兆円

といった国や企業の数字。

金額が大きすぎてよくわからない、と他人事になりがちです。

しかし、次のような数字はどうでしょうか？

- 燃油価格高騰の影響を受け、光熱費が平均2000円の値上がり
- 職員による300万円の汚職が発覚
- 業績悪化により、今季のボーナスは30％減額が決定

　生活費や税金、給与などの身近なお金であれば、自分事として真剣に捉えられる方も多いのではないでしょうか。

　ということは、大きすぎる数字も自分に関係する数字、つまり「1人あたり」「1個あたり」といった数字に変換してしまえばいいのです。

　実際に、大きすぎる数字を「＠変換」で考えてみましょう。

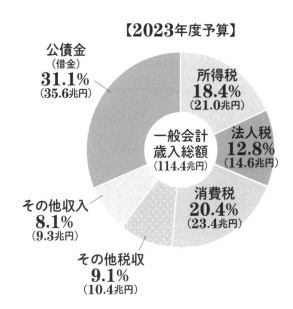

【2023年度予算】

公債金（借金）
31.1%（35.6兆円）

所得税
18.4%（21.0兆円）

法人税
12.8%（14.6兆円）

一般会計
歳入総額
（114.4兆円）

消費税
20.4%（23.4兆円）

その他収入
8.1%（9.3兆円）

その他税収
9.1%（10.4兆円）

出典：財務省「財政はどのくらい借金に依存しているのか」

　巨大すぎて複雑に感じる数字の筆頭が、日本の国家予算です。2023年度の国家予算は114兆円。

　これは、普通に生活していたらまず出合うことのない莫大な金額です。もしかすると、「兆」という単位を見ただけで拒絶反応を示してしまう方がいるかもしれません。それほど、国家予算に登場する金額は現実感が薄いのです。

　ありがたいことに、ビジネスの現場でこれより大きな数字を目にすることはそうそうありませんので、ここで大きな数字に

対する先入観をなくしてしまいましょう。

　前ページの図は2023年度の一般会計歳入総額の内訳を示したものです。

　所得税18.4％（21兆円）、法人税12.8％（14.6兆円）、消費税20.4％（23.4兆円）、その他税収、その他収入、公債金といったものが含まれています。

　私たちが支払っている「税金」に着目して、もう少し簡単に考えてみましょう。

　国民が税金として納めている金額の合計は、69.4兆円です。これを日本人1人あたりの金額を計算して、より身近な数字にしてみます。

　ここではざっくりイメージが掴めればよいので、日本人の人口を1億人とすると、

　69.4兆円÷1億人＝69万4000円。

　つまり、1人あたり年間約70万円もの税金を支払っているという計算になります。給料明細に書かれている所得税や保険料などで考えると、感覚的に金額を理解できる人も多いはずです。

　もちろん、企業を経営していない人には法人税の支払いがありませんし、消費税の負担額も人によって異なります。所得税だって違うでしょう。

　ここで重要なのは、金額の正確さではありません。

「自分は国家予算のうち年間約70万円を負担している」という認識によって、少しでも114兆円という数字を身近に感じることが大切なのです。

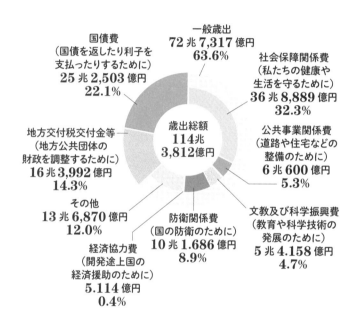

国債費
（国債を返したり利子を
支払ったりするために）
25兆2,503億円
22.1%

一般歳出
72兆7,317億円
63.6%

社会保障関係費
（私たちの健康や
生活を守るために）
36兆8,889億円
32.3%

地方交付税交付金等
（地方公共団体の
財政を調整するために）
16兆3,992億円
14.3%

歳出総額
114兆
3,812億円

公共事業関係費
（道路や住宅などの
整備のために）
6兆600億円
5.3%

その他
13兆6,870億円
12.0%

防衛関係費
（国の防衛のために）
10兆1,686億円
8.9%

文教及び科学振興費
（教育や科学技術の
発展のために）
5兆4,158億円
4.7%

経済協力費
（開発途上国の
経済援助のために）
5,114億円
0.4%

出典：国税庁 税の学習コーナー

この歳出も「＠変換」をしてみます。

歳出の総額は、歳入と同じ114兆円です。

内訳で最も多いのが、私たちの生活に直接関係している社会

保障関係費約36兆円。次に、道路や住宅、橋梁^{きょうりょう}など、インフラ整備に使われる公共事業関係費が6兆円。学校教育や科学技術の発展のために使われる文教及び科学振興費が5兆円。その後に防衛関係費10兆円、経済協力費5000億円、地方交付税交付金16兆円、といった数字が続いています。

それぞれ計算して、1人あたりの金額感を摑んでみましょう。

社会保障関係費：36兆円÷1億人＝36万円

公共事業関係費：6兆円÷1億人＝6万円

文教及び科学振興費：5兆円÷1億人＝5万円

防衛関係費：10兆円÷1億人＝10万円

経済協力費：5000億円÷1億人＝5000円

地方交付税交付金：16兆円÷1億人＝16万円

合計すると約73万円です。

支払っている税金が年間約70万円に対して、国民1人あたりに使われている税金は約73万円。これが多いと感じるか少ないと感じるかは人それぞれでしょう。

項目ごとの金額にしても、意見はさまざまあるはずです。

たとえば、社会保障費が36万円に対して、文教及び科学振興費は5万円。昨今、研究機関の資金不足や教員の労働環境・給与などの問題が話題に上がることも多いですが、こうして見ると、確かに使われている金額自体が少ない印象を受けるかも

しれません。

「＠変換」をすることで、114兆円という途方もない数字も「多い・少ない」が考えられる身近な数字に変換できました。

　このように数字を「＠変換」するテクニックは、ビジネスの現場でも強力な武器になります。

＊ 具体的なシチュエーションに落とし込んで考える

　次は、もう少し身近な話題で考えてみましょう。

　2024年1月、日本の小型月着陸実証機「SLIM」が月へ降り立ったことが報道され、国内外で話題となりました。

　SLIMを開発したのは、日本の宇宙開発を担う宇宙航空研究開発機構の「JAXA」です。天体や宇宙に興味がなくとも、名前くらいは聞いたことがあるでしょう。

　JAXAは、政府が所管する最大規模の国立研究開発法人です。衛星による惑星探査やロケットの開発、宇宙飛行士による宇宙環境での実験など数々の研究を行い、未だ謎が多い宇宙空間の調査と科学技術の発展に貢献しています。

　政府所管の法人団体ということは、国の予算が使われている、ということです。調べて見ると、2023年の予算は約2200億円でした。

　はたしてこの金額は多いのでしょうか、少ないのでしょうか？

同じように国民1人あたりで計算してみると、

　2200億円÷1億人＝2200円。

　なので、1人あたり年間2200円ほどと割り出せます。月額にして約180円です。コンビニでスイーツを買うぐらいの金額でしょうか。宇宙開発という国家の一大プロジェクトにしては、安すぎると感じる人もいるかもしれません。

　実際に、JAXAの予算はアメリカ航空宇宙局「NASA」の16分の1、欧州宇宙機関「ESA」の5分の1と言われています。計算してみると、NASAの予算は約3兆5000万円、ESAの予算は約1兆1000万円です。単純に金額だけで比べると、確かに日本が宇宙開発に割いている予算はかなり少ないようです。

4

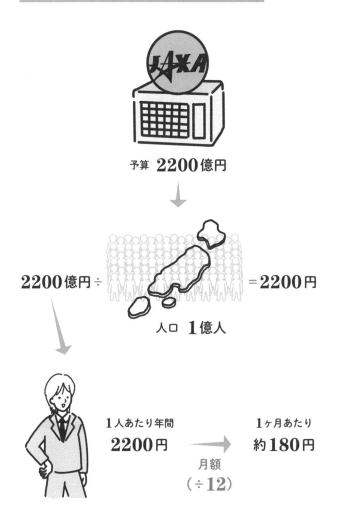

宇宙開発予算を1人あたりに分散したイメージ

予算 2200億円

2200億円÷　＝2200円

人口 1億人

1人あたり年間
2200円　→　1ヶ月あたり
約180円

月額
（÷12）

月面着陸で活躍したSLIMでも考えてみましょう。

　SLIMの総開発費は149億円（2023年1月時点）。

　同じように日本人の人口1億人で計算してみると、149億円÷1億人＝149円です。コーヒーを買うのとほぼ同じ価格で、月面に降り立つ探査機ができてしまいました。国民から寄付金を募れば作れてしまうかもしれません。

　ということで、今度はJAXAの予算担当者の立場に立って、これらの数字を企業戦略に活用してみます。

　NASAやESAとの予算比較を使えば、国に宇宙開発予算の少なさを見せるわかりやすい指標となるでしょう。「＠変換」よる具体例で訴えれば、国民の支持を得やすくなるかもしれません。

　また、クラウドファンディングで開発予算を募るのも一案です。

　たとえば、1人あたり2000円の寄付があれば、2000億円もの資金を集められます。これだけで予算にぐっと近づきます。研究開発を促進する十分な資金を獲得できるでしょう。それに2000円なら、ちょっといいランチを食べに行くのと大差ありません。自分の興味がある事業を応援するためになら払えるという方も多いのではないでしょうか。

　もちろん、日本人全員がJAXAに寄付するというのは現実的ではありません。ですが、「＠変換」をすることでざっくりとした金額感はつかめたはずです。

　今度は市場を民間企業に移して、ビジネスで使える「＠変換」をしてみます。

　ファーストリテイリング社が運営するアパレルブランド「ユニクロ」を知らない人はいないでしょう。日本だけでなく海外にも展開しており、海外店舗はアジア圏を中心に1600店以上を展開。ファストファッションブランドとしては、ZARA、H&Mに続く世界3位の売上を誇る世界的ブランドです。

　いまや国内売上よりも海外売上のほうが高いことでも有名なユニクロですが、だからといって国内売上が低いわけではありません。2023年度の国内売上は約8904億円で、日本のアパレル業界トップを独走しています（2023年8月期連結決算）。

　日本の人口をざっくり1億人として計算すると、1人あたり年間約8900円です。

　高いでしょうか、安いでしょうか。この数字の意味を理解する頃には、ビジネス現場で「＠変換」が使えるようになっているはずです。

　ユニクロでは季節ごとに数多くの商品が展開されていますが、1人あたりの購入単価が約2000円とすると、

8900円（1人あたり購入額）÷2000円（購入単価）＝4.45

　つまり、1人あたり年間4着ほどのアイテムを購入している計算が成り立ちます。

さらに考えてみると、ワンシーズンに1アイテム、あるいは夏と冬など季節の変わり目に2着ずつ商品を購入しているという仮説が立てられます。

　夏にはデザインTシャツや定番のデニム、冬にはヒートテックなどの防寒着やジャケットなどと考えると、あながち間違いではないかもしれません。さらに安価な肌着類を購入している場合は、3ヶ月に2着ずつというケースもあるでしょう。

　では、あなたがユニクロ事業の担当者なら、この数字をどう活かしますか?

　次シーズンの商品開発をする場合、どのような戦略を立てれば効果的でしょうか?

　数字から分析できるのは、定期的に商品を購入する層がほとんどということ。それならば、これまでどおり廉価でシンプル、かつ高品質な人気アイテムをそろえていくべき、とラインナップの方針が考えられるでしょう。

　下手に新しさを狙って、凝ったハイブランド商品ばかり開発しても、普段からユニクロを利用しているユーザーにとっては「確かに品質はいいけど、この値段を出すならほかのハイブランドでいい」ということになりかねません。

　一方で、価格は抑えたまま、既存ラインナップのデザイン追加や品質アップデートをする方向で商品開発に取り組めば、「新しいのが出てるなら買ってみようかな」と売上が向上する可能性も考えられます。

ユニクロの国内売上から見る1人あたりの消費額イメージ

約**8904億円** ÷ 日本人の人口ざっくり **1億人** = 1人あたり年間 **8900円**

購入単価を

2000円

とすると

1人あたり購入額 **8900円** ÷ **2000円** =

日本人は

3ヶ月に 2品 あるいは **季節ごとに 1品** ユニクロの アイテムを 買っている？

「@変換」を活用すれば、顧客のニーズや傾向を掴むこともできるのです。

　さらに市場規模を狭めて、年商100億円の出版社でも考えてみましょう。

　100億円を日本人の人口1億人で「@変換」すると、1人あたりの年間購入額は100円になります。ですが、100円で買える本はほとんどありません。このような場合は、本の平均単価から逆算すると数字を割り出せます。

　本の平均単価が1000円と仮定すると、100億円÷1000円＝1000万冊。

　年間1000万冊の本が売れていることが計算できます。これを1億人で割ると、

1億人÷1000万冊＝10人

「国民の10人に1人が年間1冊購入する本を発行する出版社」ということが導き出せました。

　生活必需品ではない本を「10人に1人が買っている」という状況はかなりのものです。日本には数多くの出版社が存在しますが、実際に売上100億円を超える出版社は全体のたった1％に過ぎません。

　反対に考えれば、年商100億円を維持するには「10人に1人

が買っている出版社」であり続ける必要があります。そのためには、コアな読者向けの本ばかり作っていては成り立ちません。普段本を読まないライト層も興味を示す本を作らなければならないでしょう。

たとえば、SNSで有名な料理研究家のレシピ本や楽して痩せられるダイエット本、最新のコスメをまとめた動画付きのメイク本など。編集者は幅広い層の購買意欲を掻き立てるような企画を求められるはずです。

また、**この数字は会社が求めている人材の見極めにも応用可能です。**

年商100億円の出版社であれば、最新のSNSや世間の流行を幅広く追える「本を読まないライト層」に寄り添った人材が重宝されると読み取れます。

一方で、年商10億円の「100人に1人が買う出版社」や年商1億円の「1000人に1人が買う出版社」であれば、ジャンルに特化したコアな読者がメイン層の可能性があるでしょう。ゲームや野球、科学など、専門知識を持っている編集者が必要とされるかもしれません。

「@変換」をするだけで、こんなにも企業の情報を読み込めてしまうのです。

　さて、ここまで日本の人口を基準にマクロな視点で数字を見てきました。

　ですが、実際の仕事でよく使うのは、さらに細かい数字の「＠変換」です。

　今や私たちの生活に欠かせない輸送の大手・ヤマト運輸（ヤマトホールディングス）の従業員数で「＠変換」してみましょう。

　ヤマトホールディングスの売上は約1兆8000億円です（2023年3月期連結決算）。

　連結決算というのは、グループ会社の売上も含めた決算の数字を指します。そのため、社員数もヤマトホールディングス全体の約21万人で計算してみます。

　すると、1兆8000億円÷21万人＝857万1428.57……

　つまり、1人あたり約850万円の売上をあげているということです。

　対して、同じ大手輸送業の佐川急便（佐川ホールディングス）は従業員約9万人で、売上が約1兆4000億円です。1人あたりの売上は約1500万円になります。

輸送業者の売上比較

売上**90**億円

ライバル社

社員**150**名

1人あたりの売上
6000万円

売上**100**億円

自社

社員**200**名

1人あたりの売上
5000万円

まだまだ効率化の
余地があるな……

　一見すると、ヤマト運輸の売上のほうが高いように見えますが、従業員単位では佐川急便のほうが2倍近い売上をあげています。表面上の大きな数字だけを見て「ヤマト運輸のほうがすごい！」と判断するのは誤り、ということがよくわかると思います。

　だからといって、「1人あたりの売上が低いから効率が悪い」と決めつけるのも危険です。その数字の裏には、受託している荷物の数や料金、輸送範囲、人員コストなど、さまざまな差異が含まれています。効率のよさを問うなら、すべての条件を比較する必要があるのです。

　経営や人事の仕事をしている人なら、先ほどの数字から、人材に余剰はないか、業務の効率化はできているか、人材不足に

陥っていないか、業界の平均と比べてどうなのか、など確認すべきポイントのアタリをつけられるでしょう。

　数字に強い人というのは、反射的に「＠変換」をして、こうした大きな数字から問題点を考える習慣がついているものです。

　大きな数字で思考停止しなくなるには、「＠変換」をするクセをつけるのが一番です。何度もトライして計算に慣れていきましょう。

練習問題

　2023年2月期、セブン–イレブンの国内店舗数の21,402店と売上高51,487億円をもとに以下の問題を「@変換」を用いて計算しましょう。

(1)　日本の人口を1億人とすると、1人あたり年間いくら使っていることになるでしょうか。

約　　　　　　　　円

(2)　1都道府県あたり平均して何店舗あることになるでしょうか。

平均　　　　　店舗

(3)　店舗数を21,000店、売上高を51,000億円と仮定した場合、1店舗あたりの売上高はいくらになるでしょうか。

約　　　　　　　　円

(1)

（売上高）÷（人口）となるので、

51,487億円÷1億人＝
5148700000000
÷100000000＝51487

51,487円

(2)

（総店舗数）÷（都道府県数：47）
となるので、

21,402店÷47≒21,400÷50

ざっくり計算し、

21,500÷50＝430

約430店舗

（21,402÷47＝455店舗）

(3)

（売上高）÷（店舗数)になるので

51,000億円÷21,000店舗
＝5100000000000
÷21000＝242857142
（2億4285万円）

ざっくり計算すると、

51000÷21000＝2.5くらい

→2億5000万円くらいと考え
　ることもできる

＊＠変換なら未来の仮説も立てられる

「＠変換」をするクセがつけば、大きな数字も自分事として扱えるようになります。たとえば、1社あたり、1個あたり、1時間あたり、1回あたりなどなど。どんなものでも、「＠変換」でシンプルに物事を考えられるようになるのです。

　中でも小売業界でよく使われるのが、1坪あたりの「＠変換」です。

　たとえば、あなたがチェーン店展開をしているスーパーのマネジメント担当だったとします。担当店の中で売上が出ていない店舗を報告するよう求められたら、どうすればよいでしょうか。

　実店舗がある場合、店舗ごとの売上を単純に比較するだけでは、あまり意味がありません。面積が大きければ大きいほど、多くの商品を置いたり多くの客を入れたりすることができますが、賃料や人件費が高くなるからです。

　そこで活躍するのが、1坪あたりの「＠変換」になります。店舗面積で売上を考えると、その店舗の売上効率が高いのか低いのか判断しやすくなります。

　最近は「1㎡あたり」という単位を用いることが多いようですが、例を使って実際に効率のいい店舗を考えてみましょう。

店舗面積の変化と売上の推移

	店舗面積(㎡)	売上(月・万円)	1㎡あたり売上(万円)
A店	240	1000	4.17
B店	320	1400	4.38
C店	140	600	4.29
D店	250	1300	5.2
E店	100	800	8
F店	350	1500	4.29
G店	180	900	5

　最も売上が高いのは、F店の1500万円です。店舗面積も大きく、商品が充実した大型スーパーであるとわかります。しかし、1㎡あたりで計算してみると、

　1500万円÷350㎡＝4.29万円。

　それほど売上が高いわけではない、と判断できます。

　一方、最も店舗面積の狭いE店は、800万円÷100㎡＝8万円。

　表を見ても1㎡あたりの売上が最も高く、効率のいい商売をしていることは明白です。売上が出ていない店舗を報告するならA店、あるいはほぼ横ばいのA、B、C、F店、ということになるでしょう。

　できる担当者なら、高効率なE店の取り組みを導入すれば、担当店全体の売上アップにつながるかもしれない、と次に打つ

施策の計画も立てられます。

　また、業界の平均値と比較して考えるのも重要です。

　経済産業省が公表している商業動態統計速報（2023年2月分）によれば、スーパーの売場面積1㎡あたり平均年間商品販売額は約64万円、1ヶ月あたりにすると約5万3000円となっています。この数字と比較すると、E店はかなり優秀な店舗であり、A店はやはり平均以下であることが読み取れます。売上が高いからといって、効率的な経営ができているとは限らないのです。

「＠変換」で見方を変えれば、隠された数字が見えてきます。見た目の大きさに惑わされず、数字の意味を捉える思考力も磨いていきましょう。

応用問題

　2024年1月現在、内閣府の発表によると、去年1年間の名目GDPは、ドイツが4兆4561億ドル、日本が4兆2106億ドルでした。ドイツの人口が8400万人、日本の人口が1.2億人とすると、1人あたりのGDPの差はいくらになりますか？

ドイツと日本、それぞれの1人あたりのGDPを計算します。

4兆4561億ドル÷8400万人＝

4,456,100,000,000×84,000,000＝53,048.8

≒53,049ドル

4兆2106億ドル÷1.2億人＝

4,210,600,000,000×120,000,000＝35,088.3

≒35,088ドル

53,049 − 35,088 ＝ 17,961 ドル

ですが、ケタが大きいので、以下のような計算方法もあります。

ドイツ GDP：4兆4561億ドル　人口：8400万人

→「万」以下を切り離し、位を合わせる

GDP：445,610　人口8400

445,610÷8400＝53,048

日 本 GDP：4兆2106億ドル　人口：1.2億人

→「億」で位が合うので、「億」以下を切り離すだけ

42,106÷1.2＝35,088

きちんと1ケタの位まで計算しなくても、答えが出ます。

調査なしに数値の算出ができる「フェルミ推定」

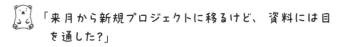

🐻「来月から新規プロジェクトに移るけど、資料には目を通した?」

🦭「はい。でも、部長も無茶言いますよね、『次はどれぐらいいけそうだ?』なんて。まだ何の数字も出てないっていうのに」

🐻「その様子だと、少しは数字にも慣れてきたみたいだね」

🦭「毎日数字だらけの資料を見せられてますからね。それに、主任から教えてもらった『@変換』のおかげで、大きな数字を見てもあまり戸惑わなくなりました」

🐻「それはよかった。それじゃあ、次のプロジェクトは君に任せても大丈夫そうかな」

🦭「いやいや、さすがにまだ荷が重いですって」

🐻「でも、元トップセールスマンの君なら、こういう無茶ぶりもたくさんこなしてきたんじゃない?」

🦭「確かに営業時代はあちこちで無茶なお願いもされました。でも、それとこれとは違います。何の情報もない状態の見込み数なんて、当てずっぽうと同じで

すよ」

「そうかな？ ……大体このぐらいだと思うよ」

「それは長年の勘ってやつですか?」

「違うよ、 ちゃんとした計算さ。 フェルミ推定って聞いたことない?」

「名前だけは一応。 でも、 どういうものかはさっぱりです」

「簡単に言えば、 答えがないものを計算して答えられるようにする方法なんだ」

「そんな未来予知みたいな計算があるんですか?」

「うん。 今後も聞かれると思うから、 覚えておくと何かと便利だよ」

Let's read

＊計算力×論理的思考で海外のことも丸わかり

「フェルミ推定」という名前を聞いたことがある人も多いでしょう。

　20世紀の物理学者エンリコ・フェルミの名前に由来する計算方法で、**正確な把握や予測が難しいような数値について、論理的思考を用いて概算する**というものです。

　コンサルティング会社や金融業界では面接で出題されることもあり、近年就活の定番問題として紹介されています。

　有名なのは、「シカゴにピアノ調律師は何人いる？」というもの。

　この問題、あなたは解けるでしょうか？

　そんな途方もない数わかるはずがない、と思う方もいるでしょう。

　確かに、ピアノ調律師の正確な人数を調べるのは現実的ではありません。「イエローページ」（アメリカ版タウンページ）を開けば、電話番号を登録している業者は調べられますが、そこからシカゴの企業を探し、各企業が何人の調律師を雇っているのかをいちいち調べるのは面倒です。英語ができなければ、正確な数字を見つけるハードルはさらに高くなるでしょう。

　でも、「フェルミ推定」なら日本にいながら簡単に調律師の数を推測できるのです。

　求め方はさまざまですが、ここでは一例をご紹介します。

　まず、シカゴの人口を300万人くらいと推定し、1世帯の人数が平均3人くらいと仮定すると、300万人÷3人＝100万世帯。

　シカゴには100万世帯の家があると推定できます。

　すべての世帯にピアノがあるとは考えづらいため、ピアノのある家は平均して5世帯に1世帯くらいと考えると、100万世帯÷5世帯＝20万世帯。

よってシカゴにあるピアノの数は20万台と推定されました。

さらに、調律が必要なのは平均して年に1回と仮定。調律師が1日に回れる数が平均3件として、年に250日働くとしたら250日×3＝750件。

20万台のピアノに対して1人あたりの年間調律件数が750件だとすると、

20万台÷750＝266.66……

つまり、シカゴには約270人のピアノ調律師がいる。

……と、このような推測が可能になります。

フェルミ推定で問われているのは、結果の正しさではありません。本当に調律師の数を知りたければ、労働組合や役場に問い合わせるのが一番でしょう。

コンサルティング会社の面接でよくフェルミ推定が使われているのは、コンサルタントに必要な「**論理的に筋道を立てて物事を考える能力**」を持っているのかを見極めたいからです。

そして、お気づきの方もいると思いますが、フェルミ推定で使われているのは「＠変換」です。

先の例では、「シカゴの人口」という大きな数字を、1人あたりの年間調律件数で考えて推定しました。これを応用すれば、新規店舗の来店人数や売上、商品の販売数なども推測できます。

続けて何問か一緒に解いてみましょう。

シカゴにピアノ調律師は何人いる？

1世帯あたり（核家族として）

シカゴ人口
300万人 ÷ 3人 = 100世帯

ピアノ
100世帯 ÷ 5世帯 = 20万世帯 = 20万台

1年に1回調律
調律師は1日に3件回る、250日働く

250日 × 3件 = 750件

調律師

20万台 ÷ 750件 = 266.666…

約270人の調律師がいる

【例題1】

オフィスビルにある社員食堂の年間売上は？

例題1と同様に、まずはビルの従業員数から仮定していきます。

仮に従業員1000人の企業とし、その中で社員食堂を利用するのは2人に1人と仮定します。すると、1000人÷2＝500人。

1人あたりの売上を1000円と考えると、1日の売上は1000円×500人＝50万円と推定できます。

年間休日120日企業と仮定して、社員食堂の年間営業日数は245日。

245日×50万円＝12250万円

つまり、年間売上は12250万円になります。

【例題2】

国道沿いに新しくできた大型スーパーの年間来店人数は？

まず出店した地域の人口を仮定するわけですが、ここでは10万人程度の中都市と仮定します。

核家族の多い地域で1世帯4人と仮定すると、10万人÷

例題1のイメージ

社員食堂を利用する従業員…**2**人に**1**人

1000人 　÷　 **2** 　=　 **500**人

1日あたりの売上

1000円 　×　 **500**人 　=　 **50**万円

年間営業日数

年間休日

365日 　−　 **120**日 　=　 **245**万円

年間売上

245日 　×　 **50**万円 　=　 <u>**12,250**万円</u>

4人＝2.5万世帯。

　さらに、1日あたり10世帯に1世帯がスーパーを訪れると仮定すると、2.5万世帯÷10世帯＝2,500世帯。

　よってスーパーを訪れる人数は1日あたり2,500世帯であると推定できます。

　さらに、来店頻度を1週間に1度。年中無休で営業していると仮定すると、1年間で約52週。ざっくり50週と考えて計算すると、50週×2,500世帯＝12.5万世帯。

　つまり1年間の来店人数は12.5万世帯、50万人となる、と推定できました。

　このように、**フェルミ推定の論理的思考と＠変換を組み合わせれば、仮説をもとにリアルな数字の予測も立てられます。**

　今は、どんな数字もネット検索ですぐに調べられる時代です。Chat GPTなどのAI開発により「わからないことは何でもAIが教えてくれる」時代も近づいてきました。

　しかし、そんな時代だからこそ、「**ネット検索ではわからない問いに答えを出す能力**」が重要視されています。**仮説を積み上げ、「こうではないか」と論理的思考を働かせる能力が必要とされているのです。**

　これまでの「フェルミ推定」の解説をもとに次の問題を解いてください。

(1)　映画館の年間売上を推定しなさい。

※解き方はさまざまあります。ひとつの例としてお役立てください。

(1)　まず、スクリーン数、1日の上映数、席数、単価を考える。
　　以下のように推定します。

　　スクリーン数：10スクリーン
　　1日の上映数：3本
　　席数：300席
　　単価：1,900円→ざっくり2,000円で計算します
　　年間日数：365日
　　これらをすべて掛ける。

$$10×3×300×2000×365=6570000000$$
$$（65億7000万円）$$

毎日満席になるとは考えづらいので、平均して50％の客入りだと考え、

$$65億7000万×0.5=\underline{32億8500万円}$$

期待値を図解して
「成功確率」をざっくり割り出す

「本当にこっちのプランで成功できますかね?」

「どうかなあ」

「どうかなあって……。経営戦略室に来てからいくつかのプロジェクトに参加しましたけど、ここまで大きいのは初めてなので正直不安です」

「私も最初の頃はそうだったよ。でも、なるようになるものだから」

「主任はいつも落ち着いてますよね。成功する確信でもあるんですか」

「確信なんてないよ。成功率100%の仕事なんてないしね。ただ、期待値的にそこまで的外れな結果にはならないだろうなって」

「期待値ですか?」

「そう。今回はＡプランでいくことになったけど、君はどっちがいいと思った?」

「Ｂかなと思ってました。だから余計に不安なんです」

「それはどうして?」

「えっと……Ｂのほうが広い層にウケそうだなって」

「じゃあ、本当にそうなのか、Bで進めた場合の成功率を計算してみようか」

「フェルミ推定で成功率まで計算できるんですか?」

「使うのは確率の計算だよ。ついでにシナリオ・プランニングも覚えておくと、今後プロジェクト担当になったときに役立つと思うよ」

「シナリオ・プランニングってなんですか?」

「そのプロジェクトがどのぐらいうまくいくのか、成功と失敗の想定シナリオを作ることだよ」

「始める前から失敗したときの想定までしてるんですか。なんだか不吉ですね」

「さっきも言ったけど、100%成功するプロジェクトなんてないんだ。予想だけでもしておいたほうがいいことが、シナリオ・プランニングを知ればわかるはずだよ」

＊確率を使えば期待値（当たる確率）もわかる

　どんなに準備を重ねても、必ず成功するという仕事はありません。

　コイントスでコインの表裏を完璧に当てられる人がいないのと同じように、仕事において「絶対」はありえないのです。

　確率を知ると、世の中のほとんどのものは統計的なルールに

基づいて動いているとわかります。一見、**ランダムに見えるも
のも、実はきちんとした法則があるのです。**

　簡単な確率の問題を解いてみましょう。
　あなたは、コイントスを2回行って、2回とも表が出たら
100円がもらえるゲームに挑戦します。ゲームに勝てる確率は
どのくらいでしょうか?
　特に引っ掛けもないので答えは単純です。
　1回目で表が出る確率は、1÷2＝50％。
　2回目で表が出る確率も、1÷2＝50％。
　2回とも表が出る確率は、50％×50％＝25％になります。
　つまり、4回に1回の割合でゲームに勝てる、ということです。

コイントスで表が出る確率

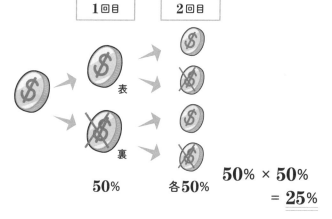

とはいえ、4回連続でゲームを行って一度も勝てないことも
あれば、全勝することだってあるかもしれません。結局、コイ
ンを投げるまでどちらの面が出るのかわからない。だからよく
コイントスやくじ引きは「運」と呼ばれるのです。

　しかし、「運」はまったく予測できないものではありません。
このコイントスの場合は、ゲームを繰り返せば繰り返すほど計
算通りの数字、つまり勝率25％に近づいていくはずです。おそ
らく1万回も行えば、ゲームに勝つ回数は4分の1である2500
回に限りなく近づいていることでしょう。

　**運は試行回数を増やすほど、あるべき確率に近づいていきま
す。このような法則を「大数の法則」と言います。**

　コイントスやくじ引きであれば、当たりが出る確率が低かっ
たとしても、一か八かに掛けてチャレンジするという選択がで
きます。だからこそ、一攫千金を夢見て「宝くじ」を購入する
人が大勢いるのでしょう。

　しかし、仕事はギャンブルではありません。失敗する確率の
ほうが高い案件を「もしかしたらうまくいくかも」という願望
で進めるのはリスキーです。仮に最初の1回が成功したとして
も、元の確率が低ければ、いずれあるべき数値へ戻ってしまい
ます。

　ですから、**数字に強い人は常に「成功確率がどのくらいある
のか」を考えてから、行動を起こすのです。**

そこで活躍するのが「**期待値**」になります。

期待値とは、確率を「1回のトライで得られる見込み」の値に落とし込んだもの。

先ほどのゲームでは、コイントスを2回して、2回連続で表が出たら100円をもらえる、というルールでした。それ以外の場合は0円です。

この場合の期待値を求めてみましょう。

2回連続で表が出る確率を計算すればよいので、25％×100円＝25円。

したがって、「このゲームに挑戦することで、25円を得ることができるだろう」という予測が立つ、ということです。

最初のうちは100円が連続で手に入ったり、一方でひたすら0円が続いたりすることがあるかもしれません。しかし、やればやるほどもらえる額の平均値は25円に近づいていくはずです。

では、このゲームの参加費が「20円」だったらどうでしょうか。

トライすればするほど多くのお金を得ることができるでしょう。一方、参加費が「30円」なら、トライするたびにお金が減っていく、ということになります。

次に、サイコロを使ったギャンブルを考えてみましょう。「サイコロの出た目×1万円」の金額が必ずもらえるギャンブルがあるとします。

1が出れば1万円。2が出れば2万円。6が出れば6万円。サイコロは機械が自動で振るので、もちろんイカサマはできません。

サイコロの目が出る確率はそれぞれ6分の1です。

期待値の計算にすると以下のようになります。

$$(\frac{1}{6}×1万円)+(\frac{1}{6}×2万円)+(\frac{1}{6}×3万円)+$$

$$(\frac{1}{6}×4万円)+(\frac{1}{6}×5万円)+(\frac{1}{6}×6万円)=3.5万円$$

答えは3.5万円、すなわち3万5000円となりました。

つまり、このギャンブルの参加費が3万円だったら、やり続ければ確実に儲けることができるということになります（途中で手持ちのお金が続かなくなれば別ですが）。

一方、参加費が3万6000円だとしたら、最初のうちは儲かっても、やればやるほど損をすることになります。

サイコロの確率を求める際は、$\frac{1}{6}$×1万円は1が出た場合、$\frac{1}{6}$×2万円は2が出た場合、というように表します。これらを全部足して計算することで期待値が割り出せるのです。

ちなみに世の中のギャンブルはほぼすべて、「投資金額より

も期待値が低い」ようにできています。それは当然の話で、投資金額よりも期待値が高いギャンブルがあったら、誰でもいくらでも儲けられることになり、運営が成り立ちません。

　ではなぜ、人はギャンブルをやるのか。宝くじと同じで、「儲かるかもしれない」というワクワク感を買っているということなのでしょう。

　また、この確率と期待値の法則から学べることもあります。

　それは、「最初の数回が想定通りにいかなくても焦（あせ）らない」ということ。

　失敗が許されない重要なプロジェクトほど、初動がうまくいかないと焦ってしまうものです。

　しかし、確率が50％のはずのコイントスでも、表や裏が3、4回連続で出続けることはあります。確率で言えば、3回連続で同じ面が出る確率は12.5％、4回連続なら6％です。これは決してレアな数字ではありません。

　最初からそれなりの成功確率や期待値が導き出せているのであれば、何度も繰り返し挑戦することで、成功に近づいていけるはずです。

　では、期待値をビジネスに活かすとしたら、どんな方法があるでしょうか。

以下の例題を一緒に考えてみましょう。

【例題1】

───────────────────────────

　アパレルECサイトでマーケティングの仕事をしているAさんは、予算内でどんな広告キャンペーンを打つかをチーム内で議論しています。

　ECサイトの特性上、キャンペーン広告から直接サイトへアクセスできるネット広告は強力です。過去の経験からも、大外れすることは少なく、最高で2000万円、最悪でも1000万円の広告効果が見込めます。

　一方、テレビCMはこれまでECサイトを利用してこなかった新規層の獲得が見込めます。これまでやってきたテレビCMの成功確率は五分五分でしたが、成功するとかなりの効果があり、広告効果は最高で3000万円。ただ、外れるとネット広告以下の600万円くらいのこともあります。

　社内では「ネット派」と「テレビ派」による議論が続いていますが、果たしてどちらの広告のほうが成功しやすいのでしょうか？

早速、期待値を計算してみます。

ここでの広告効果は、キャンペーンによる売上押し上げ効果（キャンペーンによって発生した売上）と考えると理解しやすいと思います。たとえば、特設サイトで割引クーポンを配布するキャンペーンを展開するとして、それをネット広告で告知するのか、テレビCMで告知するのか、といった問題になります。

ネット広告は「大外れすることが少ない」ということで、仮に「成功率75％」と考えてみましょう。成功すると2000万円、失敗すると1000万円の売上増が見込める、という仮定にて計算をします。

2000万円×75％（成功のケース）

＋1000万円×25％（失敗のケース）

＝1500万円＋250万円＝1750万円

一方、テレビCMのほうは「五分五分」ということで、成功も失敗も50％ずつで計算します。

3000万円×50％（成功のケース）

＋600万円×50％（失敗のケース）

＝1500万円＋300万円＝1800万円

わずかな差ですが、「期待値」ではテレビCMのほうが宣伝効果が高いとわかります。

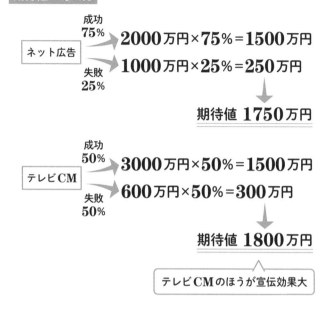

期待値の考え方

ネット広告
成功 75% **2000**万円×**75%**＝**1500**万円
失敗 25% **1000**万円×**25%**＝**250**万円

期待値 **1750**万円

テレビCM
成功 50% **3000**万円×**50%**＝**1500**万円
失敗 50% **600**万円×**50%**＝**300**万円

期待値 **1800**万円

テレビCMのほうが宣伝効果大

　では、この数字を見て、「テレビCMの成功率は徐々に落ちてるし、もう少し低いはず。40％ぐらいだろう」と主張する人がいたとしたらどうでしょうか？

　その主張に沿って計算してみると、

　3000万円×**40%**（成功のケース）

　＋**600**万円×**60%**（失敗のケース）

　＝**1200**万円＋**360**万円＝**1560**万円

　すると、ネット広告のほうが効果が高い、という結果になりました。

一方で、「ネットキャンペーンで成功したとしても、いわゆる"バズる"のはせいぜい5回に1回くらいだろう」と主張する人がいたとします。この場合、たとえば「バズったときには2000万円」「"プチ成功"のときは2200万円」で計算してみます。

2000万円×10%（5回に1回の"バズり"）
＋1200万円×40%（5回に4回の"プチ成功"）
＋1000万円×50%（失敗のケース）
＝200万円＋480万円＋500万円＝1180万円

今度はテレビCMのほうが期待値が高い、ということになります。

もちろん、ここで上げた確率は仮説です。得られる広告効果も実際には単純に切り分けられるものではなく、結果がその中間に収まることも多いでしょう。**フェルミ推定と同じで、期待値もまた「議論のベースを作る」ための推定にすぎないのです。**

しかし、議論のベースがないと、感覚や憶測で議論を進めることになってしまいます。ビジネスにおいて数字を用いない議論は不毛です。感情や感性に基づく議論を始めると、最終的に勝つのは声の大きい人だからです。声が大きい人というのは、いわゆる年齢や立場が上の人たち。数字がないと、論理に基づかない意見が採用され、ターゲットに届かないキャンペーンになってしまう、ということもあるでしょう。

仮でもいいので確率を出し、期待値を計算して、議論を前に進める。この姿勢が重要なのです。

　また、期待値から具体的な金額が予測できれば、このキャンペーンにいくらまで予算を使ってもいいかが見えてきます。広告コスト、クーポンの割引額の設定など、予算を分解して考えることができるはずです。

　あなたの勤める塾では、今度からオンライン塾も始めることになりました。これで、塾までの通塾が負担で入塾できなかったユーザーの獲得を狙います。

　通ってくれる場合、1ヶ月1人5万円、300人対応できます。

　オンラインの場合、1ヶ月1人3万円、サーバーのかねあいで1,000人まで対応可能です。

　通塾は時期によって増減が激しく、100人まで減ることもありますが、夏休み、冬休みは満員です。

　対するオンラインは継続が難しく、アクセスの悪い月は500人で五分五分です。

　これから、どちらに力を入れるべきでしょうか。

通塾とオンラインの売上を見ます。

通塾：**5万円×300人＝1500万円**
悪いとき：**5万円×100人＝500万円**

オンライン：**3万円×1,000人＝3000万円**
悪いとき：**3万円×500人＝1500万円**

通塾はいいときは手堅そうなので成功率75％、オンラインは五分五分ということで成功率50％とします。

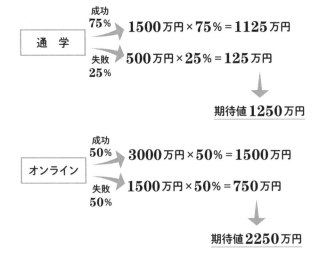

力を入れるべきなのは、オンライン塾、となる。

＊飛び込み営業の成功率は事前にわかる？
：コンバージョン・レート

今度はマーケティングではなく、営業の仕事で考えてみます。

営業には、アポ取りや商談、クロージングなど、仕事を成功させるまでにさまざまな「ハードル」があります。これらをすべて突破しなければ、成約には至りません。

この突破率はコンバージョン・レート（conversion rate）と呼ばれていて、それぞれのコンバージョン・レートを掛けると大まかな成功率、つまり期待値を計算できます。

ここでは、「訪問」「提案」「クロージング」の3ステップに分解してみましょう。

コンバージョン・レートがそれぞれ50％と仮定すると、以下の式になります。

訪問成功率（50％）×提案成功率（50％）

×クロージング成功率（50％）

＝商談成功率12.5％

約13％と考えると、8回トライして成功するのは約1回。

1件注文を取ろうと思ったら、「約8件の訪問」を目標にすればいいわけです。

実際に法人営業の世界では、この「50％×50％×50％」のコンバージョン・レートで成約することが多いといいます。決

められた訪問先へ営業をかけるルートセールスはその典型で、提案が通るかどうかは五分五分になりやすいようです。

　この数字は営業マンの心の余裕にもつながります。たとえ最初の5件で契約が取れなかったとしても、成約の期待値を知っていれば「あと数件回れば、契約してくれるクライアントも見つかるはず」と明確な数字を持って営業に臨めるからです。過度に落ち込んで自信をなくしてしまうこともないでしょう。

　ただ、この期待値はすべての営業活動に当てはまるわけではありません。飛び込み営業やテレホンセールスなど、顔の見えない相手に対して営業をするタイプの仕事では、確率も下がっていくと考えられます。

　仮に訪問、提案の成功率が30％として計算すると

訪問成功率（30％）×提案成功率（30％）

×クロージング成功率（50％）

＝商談成功率4.5％

約5％と考えると、100回トライして5回成功するかどうか。つまりほとんどのトライアルは失敗に終わると推測できます。

　しかも、飛び込み営業の場合、「アポ取り」という大きなハードルがあります。今の時代、突然電話をしてアポを取るのは、簡単なことではありません。

　10件電話して1件のアポしか取れない場合で考えてみましょう。

訪問成功率（10%）×提案成功率（30%）

×クロージング成功率（50%）

＝商談成功率1.5%

成功の期待値は1.5％にまで低下する、と推測できました。

　実際には自社の活動内容や成約率などを計算し、納得感のあるコンバージョン・レートを出していく必要がありますが、どんな仕事においてもあらかじめ成功確率や失敗確率を計算しておくことは重要です。

　仕事は常に「不確実性」に満ち溢れています。どんなに万全の準備をしてプレゼンに臨んでも、必ずうまくいくとは限らないのです。

　それでも、「絶対に大丈夫なんだろうな？」といった念押しをする人は後を絶ちません。「わかりません」と答えていては、ビジネスパーソン失格です。

　未来は不確定ではありますが、予測はできます。そのためのトレーニングを本章ではご紹介してきました。今のあなたなら、「＠変換が使えるな」「フェルミ推定で考えたらどうだろう」と数字を使った予測ができるはずです。

　そうはいっても、これらのテクニックだけで具体的な仕事のビジョンを語るのは難しいもの。そこで最後に、**統計学を応用した「シナリオ・プランニング」**をお伝えします。

世の中には、自分でコントロールできることとできないことがあります。どんなに緻密な計画を立てても、最終的には「運」に左右されることがあるものです。

　訪れる失敗をあらかじめ知ることはできません。ただ、計算力を用いてその準備をしておくことはできます。あらかじめ未来が想定できれば、目の前の出来事に一喜一憂せず、淡々と次のアクションを起こせるようになるというものです。

＊確率を使って仕事でもう一段階上まで挑める
：シナリオ・プランニング

　これを実現するのが「シナリオ・プランニング」、いわば未来を計算する能力です。

　仕事に慣れてくると、これまでの経験から「これはかなりうまくいく」「前回と同じくらいの効果があるだろう」と感覚的な予測が立てられるようになっていきます。シナリオ・プランニングでは、これらの感覚を数値化していきます。

　どういうことか、例を見ていきましょう。

　自動車会社で働くＡさんは、新車販売のマーケティングを担当しています。

　あるとき、次の新車マーケティング施策がどのくらいで成功するのか、客観的な視点で数値化してみようと考えました。

どのような計算で数値化し、シナリオ・プランニングを立てればよいでしょうか？

　Aさんの会社の販売目標は2000台です。

　過去に行った同様の施策を確認すると、「10回に7回くらい」は成功しています。

　ということは、成功する確率は7割で、失敗する確率が3割です。「楽観シナリオ70％：悲観シナリオ30％」と仮定して、シナリオを作っていきます。

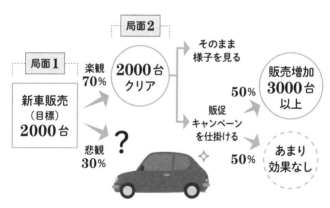

★意思決定と、運に左右される事柄は区別する

　楽観シナリオの場合、そのまま売れ行きに任せてもいいのですが、追加で販促キャンペーンを打てばさらなる売上が見込め

そうです。

　そこで販促キャンペーンで売上が1.5倍以上になる確率を5割、それほど効果が出ずに販売台数があまり変わらない悲観シナリオが5割と、さらに分岐させていきます。

　一方、30％の確率で発生する「悲観シナリオ」はどうでしょうか。

　シナリオを作るときは「悲観シナリオ」を深く考えることが重要です。はじめから失敗を想定するのはあまり気持ちのいいものではありませんが、惨敗の数字を目にする可能性はゼロではありません。もしもの場合に備えておかなければ、実際にその状況に直面した際、身動きが取れなくなってしまいます。

　そのため、悲観シナリオでは失敗時のシミュレーションを行います。計算で具体的な状況を想定し、あらかじめ打開策を考えておくことで、下振れにも淡々と対応できるようになるのです。

　今回の場合、打開策として2つのアイデアがあるとしましょう。

　1つ目は、「大幅値下げ」です。

　これは過去、約80％の確率で成功してきたとします。

　うまくいくと売上は1.5倍になりますが、収益率はどうしても下がってしまいます。

　また、値下げをしたとしても20％の確率で効果が出ないこと

もあります。その場合、収益率が落ちる上に効果も出ないということで、損失は非常に大きくなります。

2つ目は、「増売キャンペーン」です。

こちらの成功確率は50%程度で、成功すると売上は1.5倍に増えるとします。値下げほどの効果はないかもしれませんが、失敗したときの傷は比較的浅いと言えます。

改めて成功確率と失敗確率をまとめてみます。

- 「楽観シナリオ」に進み、追加施策も成功。「大成功」になる確率

  70%×50%×50%＝17.5%

- 「楽観シナリオ」に進み、当初の目標2000台はなんとか達成できる確率

  70%×50%＝35%（売れ行きに任せた場合）

  70%×50%×50%＝17.5%

  （追加施策が当たらなかった場合）

- 目標数に届かず「悲観シナリオ」に進んだが、なんとかリカバリーできる確率

  30%×50%×80%＝12%（値下げ施策）

  30%×50%×50%＝7.5%（キャンペーン施策）

- 「悲観シナリオ」に進み、完全なる失敗

  30%×50%×20%＝3%

  （値下げリカバリーにも失敗）

$$30\% \times 50\% \times 50\% = 7.5\%$$

（キャンペーンリカバリーにも失敗）

よって、
- 大成功の確率　**17.5**％
- 成功　**52.5**％
- なんとかリカバリー　**19.5**％
- 失敗　**10.5**％

となります。

　上司に聞かれたら、「9割成功します。でも、1割はリスクがあります」と答えればよいでしょう。根拠は何かと聞かれたら、先ほどのシナリオに沿って説明する。こうすれば、説得力を持って未来を語れるはずです。

　このように、シナリオ・プランニングが使いこなせるようになると、これから起こり得る問題をあらかじめ想定できるようになります。考えることが多く、最初は複雑に感じるかもしれませんが、練習問題を解いて慣れていきましょう。
　シナリオを作るときは、頭の中だけで考えるのではなく、紙に書き出します。これは視覚的にも数字を整理できるほか、チームで情報を共有する際にも便利です。

コンバージョン・レート、シナリオ・プランニングの問題

(1) あなたはインターネットで通信販売を始めました。サイトを訪れてくれる人は1日に1万人。

商品をクリックしてくれる人はそのうち5,000人。

商品を購入してくれる人はそのうち500人です。

このときのコンバージョン・レートを求めなさい。

(　　　　　%)

(2) あなたは自社の人気商品を強化的に売り出すべく、キャンペーンを任されました。目標は6,000個です。

これまで同様のキャンペーンで10回中8回は目標を達成しています。

今回はさらにお得なキャンペーンを打ちます。これで売上が1.5倍以上になる確率を7割、それほど売上につながらない場合の確率を3割とします。

このときの大成功の確率と、成功の確率を計算しなさい。

大成功	％
成功	％

⑴　それぞれわかっている数字を％に変換します。

　　訪問者数1万人→100％とします。
　　クリックしてくれる人5,000人→50％
　　購入してくれる人500人→10％

計算すると下記のとおりです。

（100％）×（50％）×（10％）＝**5％**

⑵　わかりやすいよう、シナリオ・プランニングの図を書きます。

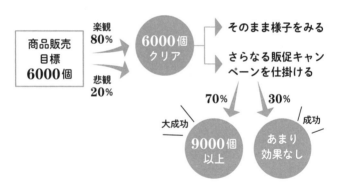

大成功：**80％×50％×70％＝28％**
成功　：**80％×50％×30％＝12％**

166

＊確率で石橋を叩ける期待値の求め方

ちなみにこのシナリオに沿って、「期待値」を計算することもできます。

先ほどの自動車の施策例でなんとかリカバリーできた場合を「1700台」、失敗を「1200台」と仮定して計算してみましょう。

- 大成功　**3000台×17.5％＝525台**
- 成功　**2000台×52.5％＝1050台**
- なんとかリカバリー　**1700台×19.5％＝332台**
- 失敗　**1200台×10.5％＝126台**

合計販売台数は2033台です。

わずかですが、期待値が目標の2000台を上回っています。

実際にはもう少し高い数字があると安心ですが、とりあえずは「成功する確率のほうが高いマーケティングプラン」だと言えそうです。

ここまでくれば、
仕事で使える計算はバッチリ

「仕事の失敗も確率で出せるなんて知らなかったです」

「会社だと『できるかどうかじゃなくてやれ!』みたいな熱血で仕事してる人もいるから、意識しないと気づかないかもしれないね」

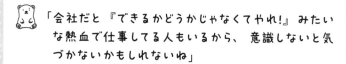「営業時代はまさにそれでした。失敗することを考えてる暇があったら、顧客のところに営業かけてましたから」

「……なんとなく想像がつくよ」

「でも、これからはシナリオを立てながら仕事しようと思います。考えてみれば、失敗して焦った状態で対応策を練っても、いい案が出てくるとは思えないですからね」

「おぉ、頼もしいね。これはそろそろ指導係も卒業かな」

「またまた冗談を。まだ主任みたいに瞬時に計算もできないですし、まだ隠し持ってるテクニックもたくさんあるんじゃないですか?」

「いや、基本的なことはこれで全部だよ。あとはト

レーニング次第かな」

「トレーニングって具体的には何を?」

「日常的に計算を使う努力をすることかな。横着して
すぐに電卓を使うんじゃなくて、まずは頭の中で計
算してみたり大きな数字の変換グセをつけてみたり
……」

「これまで教わったことを積極的に仕事で使うようにす
るってことですね」

「うん、そのとおり。ということで、ここで私からの指
導はおしまい。あとは君の力でやっていけるはずだ
よ」

「えっ、そんないきなりですか!?　が、頑張ります!」

第 5 章

計算力で
創造力もつけられる

──新しい仕事の提案も
できるようになる

偏りの落とし穴

＊より正確な「口コミ」を知るための統計学

「SNSでバズった話題の商品！」

「人気インフルエンサーの○○も絶賛！」

「星４つ以上の人気のお店！」

　インターネット普及により、最近ではこのような宣伝文句で人気をアピールする商品や店舗が増えてきました。

　人は、「良い」と言っている人が多ければ多いほど、その商品や店舗を信用してしまうものです。絶賛しているのが身近な友人やSNSでフォローしているインフルエンサーであれば、なおさら「今度買ってみよう」「行ってみよう」という気持ちになることでしょう。

　でも、その声は本当に正しいのでしょうか？

「みんなが評価している」と言う人の「みんな」とは、誰なのでしょうか？

　本書は計算の本ですから、数字で考えてみたいと思います。

　手っ取り早く「みんなの声」が数字としてわかるのが、さまざまなサイトで見られるレビューでしょう。

　書籍、映画、家電、レストラン、ホテル……コンビニの新商品に至るまで、今やあらゆるものが「星の数」で評価される時代。実際に、レビューサイトの評価や反応をチェックしてから

買い物をする方も少なくないと思います。

　しかし、この「星」にはリスクもあります。一部の偏った意見だけが掲載されている可能性があるからです。

　実際に数年前には、グルメサイトなどを中心としたサクラによるレビューが社会的な問題にもなりました。口コミ業者を雇い、意図的に星の数を操作するという事例があったのです。

　お金や時間を使ったにもかかわらず、実際には評判のよくない店へ行ってしまった、という経験は気持ちのよいものではありません。

　経営者の立場から見ても、一部の意見が過剰に取り上げられ、店舗や商品全体の評価が悪い方向へ広まってしまったとしたら、平静な気持ちではいられないでしょう。

　このように、実際に利用した人の声を「星」や「点数」で確認できる便利なレビューサイトも、絶対に正しいとは言えないのです。

　近頃はサクラの取り締まりも厳しくなり、信用できるサイトが増えてきましたが、盲目的に「星」を信じるのは危険、ということがおわかりいただけたと思います。

　では、「数字」が信じられないなら何を信じればよいのか。

　答えは統計学にあります。

　統計学、と聞くと大量の数字を分析するイメージがあるかもしれません。しかし、**ここでは難しい専門用語をなるべく使わ**

ずに、**統計学の基本的な知識だけを使って、「信用できる数字」を計算する方法をお伝えしたいと思います。**

インターネットの情報は玉石混交。有益な情報もあればまったく根拠のないデタラメもあります。しかし、現代に生きている以上、仕事や私生活でネットとまったく関わらずに生きていくというのはなかなか難しいものです。

だからこそ、情報の「嘘」を見抜く能力が重要になります。

詳しくは後ほど解説しますが、統計学を知れば、多くの人が陥りがちな平均の罠やよく耳にする「みんな」の正体も理解できるはずです。

さて、本書では仕事のさまざまな場面で活用できる計算テクニックをトレーニング形式でご紹介してきました。主に暗算でできるテクニックでしたが、ここからの計算は電卓やエクセルを用いて行っていきます。

第4章までで「数字が苦手」だと思っていた気持ちが「この計算方法もっと早くにわかっていれば……」程度に薄れてきていれば、とてもうれしいです。

これまでお伝えした計算テクニックを理解していただいていれば、ここからお教えする内容への抵抗はそれほど生まれないでしょう。

実際のところ、社会人としてはこれからご紹介するテクニックを多用することのほうが多いかもしれません。だって、上司

やクライアント、取引先にお話しするのに、資料を作らずに行くなんてことはあまりないでしょうから。

　第5章まで進むことができれば、数字だけでなく苦手だと思っていた「仕事」まで簡単にこなせるように……なればいいなと思っています。

「みんな」に踊らされないための
平均値との付き合い方

「こっちに来て3ヶ月くらい経つけど、最近どう?」

「もう毎日バタバタですよ。こんな業務をこなしながら私の指導までしてたなんて、主任には頭が上がらないです」

「まぁ、慣れもあるからね。元気そうでよかったよ」

「いや、元気かと言われるとちょっと……」

「急に声が暗くなったけど、何かあったの?」

「はい。実はこの間、私が担当した施策の評判について、営業部の知り合いにヒアリングしたんです」

「うん。そしたら?」

「そしたら、『前回のほうが平均的に見て評判がよかった』『取引先はみんなあんまり乗り気じゃなさそう』と言われてしまって……。そいつも客先で頑張ってくれたみたいなんですけど、先方が否定的な手前、持ち帰るしかなかったみたいです」

「なるほど、それは確かに残念だね」

「私、企画の才能がないんですかね」

「うーん、 それはどうだろう」

「そこは、 嘘でもそんなことないって言ってくださいよ!」

「あぁ、 ごめんごめん。 それよりも、 『平均』や『みんな』ってどれくらいなのかを考えたほうが建設的かと思って」

「平均は "おおまかに見て" みたいな感じ、 みんなは "全員" じゃないんですか?」

「かなりざっくりした考え方だね。 本当にそうなのか、 計算で確かめてみようか」

「やっぱりまだ隠しテクニックがあったんですね」

「テクニックと呼べるほどのものじゃないよ。 知っておくと役立つ番外編ってところかな」

「もったいぶらないで教えてください」

「オーケー、 まずは騙されやすい平均から解説していくよ」

Let's read

＊「みんな」「〜って言ってる」に怯えない!

　社内では、「**多くの**」「**みんな**」「**いつも**」「**平均的に見て**」といったセリフが当たり前のように飛び交っています。一見すると、これらの言葉には説得力があるように感じられますが、は

たして本当にそうでしょうか。

　おそらく、「ほかの言葉はあいまいだけど、平均だけは計算して出しているのだから、ある程度信用できるはず」と考える人もいるでしょう。

　本当に「平均」は正しいのか、考えてみます。

【例題1】

　テレビで、あるダイエットサプリを使った5人の体験者が効果を語る、というCMが頻繁に流れているのを見たAさん。CMによると、サプリを使った結果として全員の体重が平均で5kg減ったらしく、試してみたいと思いました。
　でも、心のどこかでは「本当に正しいのかな？」という疑問も捨てきれません。
　このサプリは本当に効果があるのでしょうか。

　体験談からサプリの効果を確かめるには、5人の体重の増減を確認します。

Aさん：－4kg	Dさん：－5kg
Bさん：－3kg	Eさん：－7kg
Cさん：－6kg	

　上記のように体重が変動していた場合の平均は、

$4kg + 3kg + 6kg + 5kg + 7kg = 25kg$

$25kg ÷ 5人 = 5kg$

よって、－5kgの減量に成功しているとわかります。

これなら、確かに「みんなちゃんと体重が減っているから、効果があるのかも」という気持ちになるかもしれません。

しかし、もし5人の体重の増減が以下の結果だったらどうでしょう。

Aさん：＋1kg	Dさん：－4kg
Bさん：－7kg	Eさん：－17kg
Cさん：＋2kg	

これでも平均値は同じ－5kgです。

ですが、内訳を見るとEさんが－17kgというすさまじいダイエットに成功している一方で、サプリを飲んでいても体重が増加している人が2人もいます。

これでは、「必ず効果が出る」とは言えません。同じ平均－5kgでも、まったく印象の違う結果になるパターンもあるのです。

これが平均の歪みであり、多くの人が騙されるポイントです。

今度は営業の仕事を例に、平均の歪みを見てみましょう。

【例題2】

━━━━━━━━━━━━━━━━━━━━━━━━━━━━

　住宅販売メーカーで営業を担当しているＢさんは、住宅相談に来る人の平均年収が700万円であると計算しました。そこで、さっそく年収700万円の人に向けた新サービスを始めてみましたが、まったく手ごたえがありません。

　その日相談に来た6人のお客さんの年収は、それぞれ300万円、400万円、400万円、900万円、1000万円、1200万円でしたが、一体なぜでしょうか？

6人の平均値を計算すると

$$300万円 + 400万円 + 400万円 + 900万円$$
$$+ 1000万円 + 1200万円 = 4200万円$$
$$4200 ÷ 6 = 700万円$$

Ｂさんの計算通り、6人の平均年収は700万円になります。

　しかし、実際に年収700万円の人は1人もいません。年収700万円の人に向けたサービスは、おそらく年収300万円〜400万円の人にはやや高額に感じられるでしょう。一方、年収1000万円クラスの人にはあまり魅力的に映らないに違いありません。

　つまり、どの顧客も新サービスのターゲット層に当てはまらないのです。

このように、**少ないサンプルで計算した「平均」をビジネスプランのベースにしてしまうと、まったく効果のない施策になってしまう**ケースがあります。

世の中には平均値が溢れていますが、ビジネスパーソンなら**平均値を見たときにまず、「その数字は偏っていないか」「サンプルの数は十分か」**などを疑うべきです。

では、サンプル数が少なくとも、「偏りのない真ん中の値」を計算する方法はないのでしょうか。

そんなことはありません。**「中央値」という数値を使えば、限られたサンプル数での「真ん中の値」を計算できます。**

中央値について理解するため、もう少し身近なケースを見ていきましょう。

【例題3】

昨今の働き方改革の影響を受けて、Cさんの会社でも「有休消化率50％」の目標が出されました。Cさんの部署は9人で、与えられる有給休暇日数は10日です。

目標を達成するには、1人あたり何日取得すればよいでしょうか。

答えは簡単で、1人あたり5日取得すれば50％に到達します。しかし、現実では「その年の有給だけでなく、これまで累積

してきた有給休暇をフルに使いきった人」もいる可能性も考えられます。

> Aさん：5日　　　Fさん：20日
> Bさん：2日　　　Gさん：5日
> Cさん：0日　　　Hさん：2日
> Dさん：0日　　　Iさん：3日
> Eさん：8日

　仮に、上記のような有給休暇取得率だったとしましょう。

　平均有給休暇消化日数は5日です。先ほどの平均の歪みと同じですね。

　このような状況で、実際の有給休暇取得率を計算したいときに役立つのが「**中央値**」です。

　中央値とは、すべての人を並べたときに、真ん中に位置する人の数値を示すもの。このケースの場合は9人のチームですから、ちょうど「上からも下からも5番目」に当たる人を指します。よって、答えは「3」です。

　有給休暇取得率30％なら、肌感覚に近い数値ではないでしょうか。

　ちなみに有給休暇に限った話をすれば、労働基準法の改正に

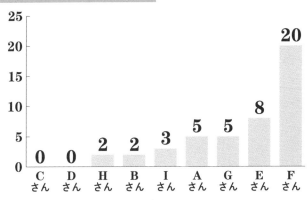

ある会社の有給休暇の取得率

より、2019年4月1日以降、従業員に年5日の有給休暇を取得させなければ、企業に罰則が科されると定められています。1人でも5日未満の人がいてはならないのです。

そこで、過去の有給取得日数から中央値を割り出し、最低取得日数との乖離（かいり）がわかれば、全員が無理なく5日以上取得できるようにするにはどうすればいいか、対策を考える際などに活用することができます。たとえば「年間で5日」というのではなく、「2ヶ月に1日」と人事が定期的に呼びかけるなど、いろいろ考えられますね。

複数の数字を扱う際は、求めるべき数値が「平均値」か「中央値」かを見極める必要があります。数字に騙されないためには、提示された数字を鵜呑み（うの）にせず、考えるクセをつけることが重要です。

より多くの人に刺さるサービスを提供するには「正規分布」を読む

「なんだ、平均って言葉に騙されてただけだったんですね」

「今回の例はサンプルが少なかったからね。そういうこともあるよ」

「なんだか気が楽になってきました」

「じゃあ、次は『みんな』が誰なのか考えてみようか」

「最初にも言いましたけど、みんなって『全員』じゃないんですか?」

「確か、営業部の人から『取引先はみんなあんまり乗り気じゃなさそう』って言われたんだったよね?」

「そうです」

「本当に取引先全員から評判を聞いていると思う?」

「それは確かに……」

「怪しくなってきたね。そうしたら、『みんな』が何を指すのかを求めるために、正規分布と偏差値を使っていこう」

「えっと、偏差値はわかりますけど、正規分布です

か?」

「そう、 正規分布。 高校の数学で習ったはずだよ」

「……一切記憶にないです」

「統計学の基本的な考え方のひとつ**なんだけどね**」

「げ、 統計ですか。 数字に慣れてきたとはいえ、 統計資料なんかを見ると反射的に身構えちゃいます」

「**大丈夫。 今回は基礎の基礎として、 複雑な計算は使わずに説明していくよ**」

Let's read

＊一番多いところとその前後の数を正確にとらえる

　仕事の場では、最初のヒアリングで散々「みんなが」と言っているけれど、詳しく聞いてみると、数百ある取引先のうちの2〜3社から言われただけ、ということがよくあります。正しく表現するなら「一部の顧客から、ダメだと言われている」のはずですが、つい「みんなの意見」とまとめて、結果的に歪んだ情報をアウトプットする人は、少なくありません。

　もちろん、たまたま聞いた2〜3件の意見が全体を表していた、という考え方もできます。しかし、「平均値の歪み」を知った今なら、少ないサンプルを平均化して考えると偏りが出る可能性がある、ということはもうおわかりでしょう。人の意

見ですから、良いほうにも悪いほうにも極端な声が数％は出てくるはずなのです。

　では、意見の正しさは、何を基準に考えればいいのでしょう。「みんな」とは、一体誰のことを指しているのでしょうか？

　この答えを計算で導くのは、案外、難しい問題です。

　しかし、「**正規分布**」の考え方を用いれば、感覚として「**みんな」の正体を掴むことができます。**

　正規分布とは、統計学の基本的な概念のひとつです。

　数学的に説明すると、**平均値と最頻値、中央値が一致し、それを軸として左右対称となっている確率分布のこと**。これは、ドイツの数学者カール・フリードリヒ・ガウスの名前を取って、「**ガウス分布**」とも呼ばれています。

正規分布図

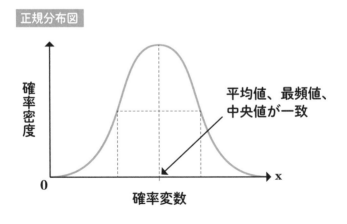

平均値、最頻値、
中央値が一致

確率密度

確率変数

　正規分布は高校数学で習う分野ですが、文系専攻などで教科選択があった場合、そもそも授業で取り扱っていないケースがあるようです。

　ここでは、「高校時代に習っていない」「忘れてしまった」という方たちのために、そもそも「正規分布」とは何なのか、という部分から解説したいと思います。

　例題のようなシチュエーションを想像してみてください。

【例題1】

　テレビ制作会社のリサーチャーとして働くDさん。あるとき「身長190cm以上の一般人男性を探してほしい」という依頼がきましたが、日本人の成人男性の平均身長は約170cmです。しかも、依頼側は「すぐ見つかるでしょ」と短い納期設定で仕事を発注してきます。

　納期の交渉をするためにも依頼の大変さを伝えたいところですが、どうしたらいいでしょうか?

　身長190cmの日本人と言われて思い浮かぶのは、バスケットボールやバレーボールのアスリートなどです。平均身長の高い北欧ならまだしも、日本の街中からそんなに背の高い人を見つけるのは容易ではありません。

　しかし、「容易ではない」という状況を数値化できなければ、

納期交渉をするのは難しそうです。そこで活躍するのが「正規分布」の考え方になります。

　日本人の成人男性の平均身長を総務省のホームページで調べてみると、おおむね170cmほど。ざっくりとした計算を行いたい場合は、この数字を使えばよさそうです。

　しかし、実際は、会社の同僚や取引先の担当者を思い浮かべてもわかるとおり、さまざまです。身長は年代によっても異なり、背の高い人から小柄な人まで、あらゆる人がいます。

　このような状況を、統計学では下記のような「正規分布図」で考えるのです。

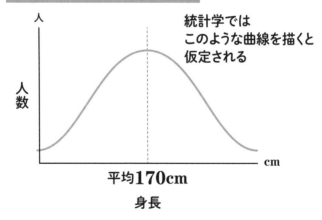

日本人成人男性の身長の正規分布図

人

統計学では
このような曲線を描くと
仮定される

人数

cm

平均170cm

身長

　図は、日本の成人男性の身長データを曲線として表したものです。

　横軸が身長の高低、縦軸が人数を示しています。点線が引かれている中心が、平均身長である170cmです。曲線を見ると、左側から中心にかけてカーブを描くように盛り上がり、中心を過ぎると同じように下降しているのがわかると思います。

　つまり、170cmの人より175cmの人のほうが少なく、180cmの人となるとさらに少なくなっていく、ということです。

　実際のところ、私たちが日本で暮らしている感覚としても、身長170cm前後の成人男性が多く、180cmや185cmになると「背が高いね」と周りから言われる、といったところではないでしょうか。

＊正規分布なら目標達成の難易度も見える

　統計の世界においては、身長や体重、株価の上下、自然現象の発生度といった世の中の多くの事象が、同じような曲線パターンを描くと分析されています。細かい計算式は省略しますが、膨大なサンプルがあるデータを並べると、不思議とこのような分布になっていく、という規則性があるのです。

　これが「正規分布」の基本的な考え方になります。

　上記のような正規分布表を見せれば、クライアントにも身長190cm以上の成人男性がいかに少ないかを視覚的に示すことが

できます。ものわかりのいい担当者なら、これだけで納期を伸ばしてくれることもあるでしょう。

　しかし、番組の撮影まであまり時間がない場合、クライアントは何としてでも短い納期で190cm以上の人を見つけてほしいと考えるはずです。強気に納期を交渉するには、具体的な数値を計算する必要があります。

　そこで使えるのが、次の項目で解説する「**標準偏差**」です。

　正規分布は、標準偏差と組み合わせて考えることで初めてその力を発揮します。

　標準偏差を理解すれば、冒頭から問いかけている「みんな」の正体も、ようやく暴（あば）くことができるのです。

　さらに、正規分布の考え方を応用すれば、仕事のチームや取引先といった比較的小さな規模の問題も、数字に惑わされずに考えることができます。

　大げさに言ってしまえば、正規分布は、万物の事象に活用できる最強の法則ともいえるのです。

物事の希少性が数値で表せる 「標準偏差」

「正規分布って何のことかと思ったら、 そういう法則のことなんですね。 てっきり新しい計算方法なのかと思いましたよ」

「計算はこれから『標準偏差』を使ってやっていくよ」

「……またまた知らない単語が出てきました」

「偏差値は知ってるよね?」

「受験で使ったあの偏差値ですか?」

「うん。 その偏差値だよ」

「それならわかります。 模試だとたまに満点近い点数を取れることがあって、 70以上出ると嬉しかったんですよね」

「よくそんなに覚えてるね」

「私、 記憶力はいいので。 まあ、 数学はボロボロだったんですけど」

「そんなに偏差値を見てたなら、 『標準偏差』も目にしたことがあるはずなんだけどな」

「うーん、 そんなの書いてありましたっけ?」

「まぁ、 受験期に偏差値の考え方を習うわけでもないし、 記憶にない人がほとんどかもしれないね。 標準偏差っていうのは、 自分が正規分布の『どこにいるのか』を計算するための数字なんだ」

「めちゃくちゃ重要じゃないですか。 もしかして、 正規分布って偏差値に関係あるんですか?」

「関係あるもなにも、 あれは偏差値の考え方そのものだよ」

Let's read

＊大学の偏差値ってどう出るの？

　前の項目では、日本人の成人男性の身長を例として、正規分布の考え方をお伝えしてきました。

　ここでは、標準偏差を使って「日本人の成人男性の中で身長190cm以上の人は何％いるのか」を計算していきます。

　標準偏差とは、簡単に説明すると「自分が正規分布表の中でどこに位置するのか」を計算するための数値です。これがわかると、自分が表の中で何パーセントの部分に位置するのか、という数値を導き出せるようになります。

　標準偏差を計算するには、少々複雑な計算が必要です。計算方法を載せておきますが、無理に覚える必要はないため、興味

のない方は読み飛ばしてください。

標準偏差を求めるには、まずは平均値を計算し、サンプ
ル内の各数値との差分をそれぞれ二乗します。それらの総
和をサンプル数で割り、ルート計算で二乗した分を元に戻
します。これが標準偏差です。

計算式で表すと、次のようになります。

$$標準偏差 = \sqrt{\frac{\{(サンプル1-平均)2 + (サンプル2-平均)2 + \cdots\cdots\}}{サンプル数}}$$

たとえば、10、20、30、40、50の5個の数字で標準偏
差を求めると

$$平均 = (10+20+30+40+50)/5 = 30$$

式にあてはめると

$$標準偏差 = \sqrt{\frac{\{(10-30)2 + (20-30)2 + (30-30)2 + (40-30)2 + (50-30)2\}}{5}}$$

になります。この場合の標準偏差は14.1です。

急に複雑な計算を出してしまいましたが、基本的には「標準
偏差を求めるためには、このような数式を使う」という認識で
大丈夫です。

先ほどから例に出している日本人の成人男性の身長分布に式
を当てはめてみると、標準偏差が6cmぐらいとわかります。

では、正規分布図と組み合わせて考えてみましょう。

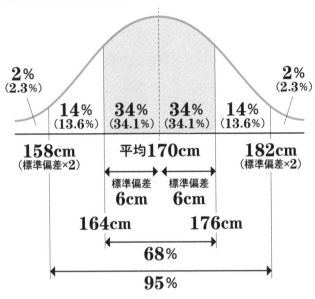

日本人男性の身長分布

2%
(2.3%)

14%
(13.6%)

34%
(34.1%)

34%
(34.1%)

14%
(13.6%)

2%
(2.3%)

158cm
(標準偏差×2)

平均170cm

182cm
(標準偏差×2)

標準偏差
6cm

標準偏差
6cm

164cm

176cm

68%

95%

★標準偏差±1の中に全体の68%が含まれる

＊標準偏差の数値＝物事、人物の希少性

　正規分布には面白い定義があり、標準偏差±1つ分の範囲に全体の68%が含まれる、ということが定められています（より正確には、便宜的にそう定義することになっています）。

　どういうことかと言うと、標準偏差が6cmの場合に含まれる身長は、平均値の±6cm。つまり、164cm（170cm − 6cm）から176cm（170cm＋6cm）になります。この間に、全体の68%が含まれているということです。

　さらに考えてみると、標準偏差2つ分（6cm×2）では95％が含まれます。158cm（170cm－6cm×2）から182cm（170cm＋6cm×2）の間に全体の95％の人が含まれるということです。

　身長180cm越えの人はそれほど多くありませんが、探せば知り合いに1人くらいは見つかるものです。これも実感とおおむね等しいのではないでしょうか。

　では、標準偏差3つ分（6cm×3）の場合は？

　計算すると、152cm（170cm－6cm×3）から188cm（170cm＋6cm×3）の間に99.7％の人が含まれることになります。

　ここまで来れば、「身長190cm以上の成人男性」がいかに少ないかが見えてきますね。151cm以下と189cm以上の人の割合が同じだとして、約0.15％。1000人に1人やっと見つかるかどうかというレベルの話です。

　しかも、スポーツ選手や著名人、日本国籍の外国人を除く「一般日本人男性」という条件を考慮すると、難易度は跳ね上がります。

　それでも探さなければならない場合は、規模が1000人以上の企業やコミュニティに連絡を取る、という手段が考えられるでしょう。よほど顔が広くない限り、知り合いのツテから探していてはらちが明かず、なにかしらの大規模な調査が必要になるはずです。

交渉の結果、身長183cm以上の男性で妥協してもらえることになったと仮定しても、当てずっぽうに街へくり出して見つけるのは難しそうです。

　仮に日本人の寿命が100歳として、未成年を除いた数字でざっくり計算してみると、

　日本の男性人口約6000万人のうち約80％が対象となり、

6000万人×80％×2％＝4800万人×2％＝96万人

　全国で考えると、**96万人÷47＝約2万人**。

　1都道府県あたり2万人ほどの該当者しかいない、ということになります。ちなみに東京都の人口は男女合わせて約1400万人です。

　実際には自治体ごとの人口差や年齢差があるため一概には言えませんが、それでも簡単には見つからないことがわかります。

　このように、正規分布と標準偏差の考え方を理解するだけで、膨大な数の情報を整理して扱えるようになるのです。

　私たちが受験期に使っていた**偏差値は、標準偏差の応用**です。**簡単に言えば、全体の中で「自分がどのあたりに位置しているか」をよりわかりやすく数値化したもの**になります。

　平均身長170cmの例を使って、偏差値を出してみましょう。

　まずは平均値を「偏差値50」と定め、標準偏差1つ分を10として扱います。この場合は平均身長170cmが偏差値50、標準偏差6cm分が10です。

たとえば身長176cmの男性は、

偏差値50（170cm）＋偏差値10（6cm）＝偏差値60

と計算できます。

身長164㎝なら、

偏差値50（170cm）－偏差値10（6cm）＝偏差値40

となるのです。

ただ、この偏差値40や偏差値60といった数字は、単なる計算結果でしかありません。偏差値で重要なのは、全体における自分の位置を考えることです。

次のページの表を見てみましょう。これは先ほどの身長ごとの偏差値をまとめたものです。

それぞれの偏差値の横に「上位何％」という数字が書かれていますが、意識すべきはこの数字です。

たとえば偏差値60ということは、上位16％に位置しているという意味。100人いたら上から16番目になる、ということです。

偏差値40なら上位84％。100人中84番目になります。

受験で偏差値が使われていたのは、この「上位何％」という考え方が重要だったからです。

| | 平均（cm） | 170 |
| | 標準偏差（cm） | 6 |

身長（cm）	偏差値	上位何％
158	30	98%
160	33	95%
164	40	84%
167	45	69%
170	50	50%
173	55	31%
176	60	16%
180	67	5%
182	70	2%
185	75	1%

＊「みんな」は標準偏差で人数がわかる

　さて、第5章で問いかけ続けてきた問題に戻りましょう。「みんな」とは、一体誰を指すのでしょうか？

　正規分布の考え方からすれば、みんなとは「真ん中の68％の人」というのが答えになります。極端な2％の人の意見は、「みんな」とは言えません。全体の16％の人の意見も、「みんな」と言うには無理があるでしょう。

　つまり、冒頭の会話であった「取引先はみんなあんまり乗り

気じゃなさそう」という意見も、正確には「約68％の取引先は
あんまり乗り気じゃなさそう」と言うべきなのです。支持する
取引先も16％はいる、ということになります。

　取引先から一切支持されない施策と一部支持の施策では、改
善案の方向性も変わってくるはずです。このように、**正規分布
で正しい数値を確認することは、現状を正しく把握することに
つながります。**

　また、ちまたには「2：6：2の法則」というものがあり、社
内で**何か新しいことを始める場合、最初は「中立が68％、支持
が16％、反対が16％」くらいになることが多い、**とされてい
ます。その中に、**極端な支持と不支持がそれぞれ2％ずついる**
というわけです。

　実際に自分が所属する会社で考えてみるとどうでしょうか。
あくまで経験則から生まれた数字のようですが、それほど的外
れな数字ではないように思えます。

　それに、2：6：2の法則、あるいは正規分布と標準偏差の考
え方を仕事に取り入れることで、さまざまなメリットがありま
す。

　たとえば、一部の極端な意見に対し「2％は絶対にそういう
人が現れる」と思えば、うまくスルーすることもできるでしょ
う。また、大部分の人、つまり68％がなかなか意見を表明しな
いと知っていれば、あいまいな立場の人に対して必要以上にフ

ラストレーションを溜めることもありません。どうすればこの人たちを賛成側に動かすことができるか、とポジティブな方向に脳のリソースを割けるはずです。

　一部の意見にいちいち過剰に反応していたら、人を動かすことなんてできません。新しいことをはじめようとすれば、必ず反対する人は現れます。

　正規分布や偏差値から俯瞰の視点を持つことで、彼らの意見に惑わされず、冷静な判断ができるのです。

複数の事象の共通項を
見つけられる「回帰式」

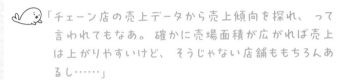

「チェーン店の売上データから売上傾向を探れ、って言われてもなあ。確かに売場面積が広がれば売上は上がりやすいけど、そうじゃない店舗ももちろんあるし……」

「ちゃんと仕事してるみたいだね」

「わっ、驚かせないでくださいよ、主任。当たり前じゃないですか」

「通りかかったらぶつぶつ言ってるのが聞こえたからさ。また何か悩みごと?」

「口に出てましたか。実は……」

「なるほど、いよいよ経営戦略らしい話になってきたね」

「何か法則性があればわかりやすいんですけど、現実のデータじゃなかなか見つからなくて」

「実際の店舗の売上には、いろいろな要因が絡んでいるからね」

「頼ってばかりで申し訳ないですけど、こういうとき主任ならどうしますか?」

「素直に聞けるのはいいことだよ。あと、私なら『回帰式』を使うかな」

「回帰式?」

「これも一種の統計学だよ。さっき、『売場面積が広がれば売上は上がりやすい』って仮定してデータを見てたよね?」

「はい。何か関連性がないかと思って、その線で見てました」

「その予測が本当に正しいのかを検証するのが回帰式なんだ」

「なんだか難しそうですね……」

「確かに計算はちょっと複雑だけど、考え方さえ覚えればエクセルで計算できるよ」

「エクセルにそんな機能があったんですか。教えてください!」

＊事象からどんなときでも成功するための要因を探す

　企業に属している以上、自社の利益を高めたいと思うのは当然のことです。経営者やコンサルタント、スーパーバイザーといった人々は、膨大なデータから常に「どうすれば利益が上がるのか」「なぜこの店舗の売上は高いのか」などを分析していま

す。

　とはいえ、現実のデータは雑然としていて、必ず法則性が見つかるとは限らないのも事実。そこで、**「この法則が本当に合っているのか」を確かめるのが、回帰式です。**

　計算自体はエクセルを使えばできてしまいますが、まずは回帰式の考え方を知るために例題を解いていきましょう。

【例題1】

　小売りチェーンのスーパーバイザーを務めるEさんは、担当店舗の売上と面積の表から、全体の傾向として売場面積が広いほど売上が上がっていると分析しました。
　そのため「売上増加のために店舗の大型化を図りましょう」と提案しましたが、同僚や上司からは「本当に売上と面積が比例していると言えるのか」と疑いの声が上がっています。どのように説得すればいいでしょうか。

　売場面積を増やして大型化すれば、売上が上がるのか。これは言い換えれば、「売場面積が決まれば、その店舗の売上も決まるのか」ということになります。

　ひとつの値が決まると、自動的にもうひとつの値が決まる、これは一次関数の考え方です。式にすると、「$y = ax + b$」になります。

忘れてしまった方のためにおさらいをしておくと、

$$y = 2x + 5$$

という式ならば、xが2の場合にyは9になります。

$$y = 2 \times 2 + 5 = 9$$

これをx軸とy軸の二次元グラフにすると、図のようになります。

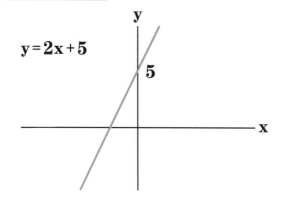

例題1の二次元グラフ

$$y = 2x + 5$$

なぜ急に一次関数の話をしているのかというと、本当に「売場面積が決まれば、その店舗の売上も決まる」のであれば、当てはまる一次関数の式を見つければ証明できるはずだからです。たとえば、これまでのデータから、

$$y(売上額) = 2x(売場の坪数) + 10$$

　という法則性が見つけられた場合、売場の坪数が30だったら売上は70万円、坪数が倍の60だったら売上は130万円になります。

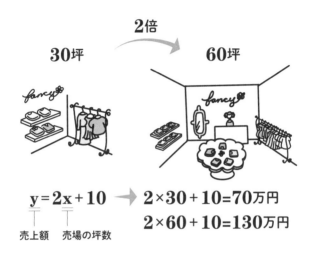

2倍

30坪 → 60坪

y = 2x + 10 → 2×30 + 10 = 70万円
　　　　　　　2×60 + 10 = 130万円

売上額　売場の坪数

　しかし、現実的に考えれば、こんな単純な計算式で店舗の売上が決まるはずがありません。では、実際のデータを使うとどうなるのか。次ページの表を使って考えてみます。

　207ページの上図は、206ページの表をグラフにしたものです。
　これだけ見ると、坪数が増えれば売上が上がっているように

店	坪数	売上／月（万円）
A	30	85
B	45	95
C	52	190
D	56	155
E	58	168
F	60	180
G	66	182
H	80	250
I	85	220
J	90	382
K	100	290
L	120	368
M	125	340
N	130	370

は見えます。ただし、当然のことながら、計算問題のようにきれいな一次関数の式にはなりません。

　ここで役立つのが「回帰式」です。

　まずは先ほどの上図に1本、線を加えてみます。

　グラフにある線は、**分散している各実測値（売上と面積の関係）から予測値を導き出した**ものです。これを「**回帰式**」と呼び、**引かれた線を「近似線」**と呼びます。

売場面積と売上の関係

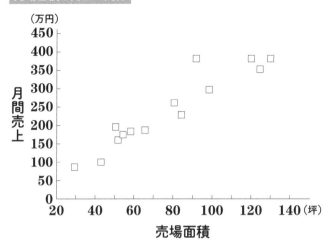

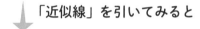

「近似線」を引いてみると

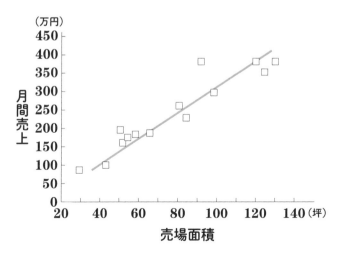

回帰式の計算方法はやや複雑なため本書では省略しますが、近似線を見ると、「売場面積が広がるほど売上も上がる」といえそうです。しかし、これらはあくまで予測値。本当に正しいと言えるのかどうかはわかりません。

　そこで算出するのが、「決定係数」（R^2）という数値です。この数値がある程度高ければ、「この回帰式は信用できるのではないか」という結論になるのです。

　まとめると、「売場面積が広がるほど売上も上がるのか」を証明するには、

① 実際の売場面積と売上のデータをもとに「回帰式」を計算する

② その回帰式の「決定係数」を計算する

③ 回帰式が、売場面積が広くなれば売上も上がるようになっている、かつ、その決定係数も高ければ、「売場面積が広がるほど売上も上がる」と言える

というステップを踏むわけです。

　では、売場面積と売上のデータを使って計算してみましょう。

　先ほど、回帰式の計算は省略するとお話ししましたが、それはエクセルを使えば一瞬で計算できてしまうからです（本来は「決定係数（R^2）＝予測値の平方和／実測値の平方和」で計算し

ます)。

エクセルに「分析ツール」という機能をアドイン (追加) して、「回帰分析」を選ぶと、瞬時に回帰式と決定係数を導き出すことができます。

試しに、エクセルで売場面積と売上の数字を入れてみると、

回帰式(x = 売場の坪数、y = 売上)

$$y = 2.99x - 0.099$$

決定係数　$R^2 = 0.858$

となります。

$y = 2.99x - 0.099$ は、ざっくり言えば「坪数の約3倍くらいの売上がある」という意味です。

そして、その決定係数が0.858、つまり約85％の確率で正しい、ということになります。これだけ決定係数が高ければ、「売場面積を広げれば、売上は上がる」というEさんの主張も信憑性が高い、と言えるでしょう。

ここまでやって初めて「相関がある」と言うことができるのです。このようにしてデータの相関関係を導き出す手法を、「回帰分析」と呼びます。

①メニュー「オプション」
　選択

②「アドイン」を選択して
　「設定」をクリック

③「分析ツール」にして
　OKを押す

④メニューバー「データ」の一番右側に
　「データ分析」が出てれば設定完了

回帰分析

①「データ分析」をクリックして、「回帰分析」を選択

②入力フォームが出てくるので、下記のようにデータを
入力（※数値のみ。ラベルは入れない）

③**OK**を押したら、別スライドに下記のように
分析結果が出る

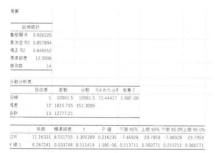

散布図作成

① データを選択 して、「挿入」のグラフで「散布図」を選択

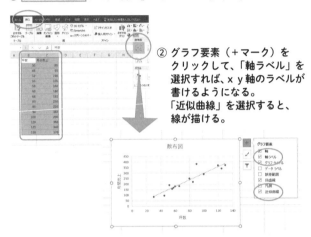

② グラフ要素（＋マーク）を
クリックして、「軸ラベル」を
選択すれば、x y軸のラベルが
書けるようになる。
「近似曲線」を選択すると、
線が描ける。

③「近似曲線」を選択するときに、『その他のオプション』を
クリックすると、
右の通りオプションメニューが表示されるので、
「グラフに数式を表示する」「グラフにR-2乗値を表示する」を
チェック。すると、グラフ上に式が表示されます。

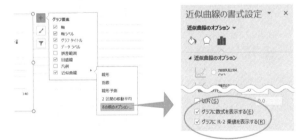

「例外」を瞬時に提示する
特異値の見つけ方

「主任のおかげで、無事に売上データと売場面積の関係を示す資料が作れました。これで自信を持って会議に臨めそうです」

「それはよかった。ところで、改善案のほうは大丈夫そう?」

「えっ、今回の会議は売上データの分析結果を報告するだけじゃなかったでしたっけ」

「分析結果を持ち寄るってことは、結局、売上をさらに上げるための会議ってことだよね? データを分析して気づいたことがあれば、一緒に報告すべきだと思うよ」

「言われてみれば確かに……。でも、もう会議まであと1時間ぐらいしかないです」

「そしたら、今から新しいデータを探す必要はないよ」

「どういうことですか?」

「さっき計算した回帰式があるでしょ。それを使えば、簡単に改善点を見つけられる可能性が高いんだ」

「具体的に教えてください」

「いわゆる『外れ値』を使った分析方法なんだけど……」

「あれ、これって@変換のところで教わった売上効率の話じゃないですか?」

「そのとおり。あのときは、大きな数字を身近な数字として考えるための例として取り上げたけど、実は統計学に通ずる話だったんだ」

「なるほど。これなら、そこまで時間をかけずにできそうです」

Let's read

　回帰式は、ある分析が正しいものかどうかを検証するための計算でした。

　一方で、仕事に活かせる有用なデータを得る手段としても活用できます。

　それが、「**外れ値**」です。

　外れ値とは、名前のとおり、回帰式から大きく外れた数値のこと。この数値に注目すると、新たな情報が見えてきます。

　回帰式のところで例に出した店舗の売場面積と売上で確認してみましょう。

「外れ値」を探す

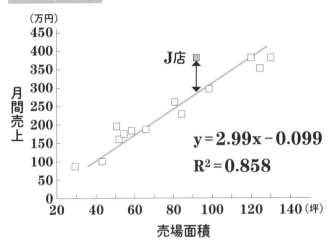

J店

$$y = 2.99x - 0.099$$
$$R^2 = 0.858$$

（万円）
月間売上

売場面積
（坪）

　図のJ店の売り上げに注目すると、回帰式の近似線よりかなり上にあることがわかります。これはつまり、売場面積が小さいわりに、売上が高いということです。

　実際に、206ページの表で確認してみると、J店の坪数と売上はそれぞれ90坪、382万円。1坪あたりの売上効率を計算すると、

382万円÷90＝42444.44……

約4.3万円になります。

　そのほか、売上300万円台を記録しているのはL店、M店、N店ですが、いずれも100坪以上の大型店舗です。1坪あたりの売上効率で比較してみると、

L店 ：**368**万円÷**120**＝約**3**万円

M店：**340**万円÷**125**＝約**2.7**万円

N店：**370**万円÷**130**＝約**2.8**万円

1万円以上、J店のほうが売上効率が高い、という結果になりました。

回帰式の中に、このような外れ値があればチャンスです。そこには何かしらの「売上を上げるヒント」が含まれている可能性があります。

たとえば、商品の陳列方法に工夫があるのかもしれません。店内のプロモーションが効果的なのかもしれません。あるいは、広告の打ち方に集客の秘密がある、というパターンもあるでしょう。

J店を調査してみた結果、仮に「接客のうまいベテランスタッフが新人指導に時間を割くようにしたところ、店全体のホスピタリティが向上し、結果として常連客が増加した」という発見があったとしたら、その手法を他店でも実践できるよう取り組めばいいのです。すると、チェーン全店の売上を底上げすることが可能になるはずです。

このような分析手法を、統計学では「ベンチマーク」と呼びます。成功事例から成功要因（KSF：Key Success Factor）を抽出するという古典的な手法ではありますが、コンサルティング業界ではまだまだよく使われています。

　いかがでしょうか。ここまで、統計学の基本的な考え方を中心に、数字に強い人になるための計算テクニックをご紹介してきました。

　数字には世の中のあらゆる事象をクリアにし、説得力を持たせる力があります。しかし、その力を悪用しようとする人も少なくないのが現実。数字を使って仕事をするクセをつけるのは大切ですが、数字に騙されるようなことは避けなければなりません。

　統計学の基本を知ることは、「データを使っている（らしき）主張に惑わされない」ためにも重要なのです。

エピローグ　数字に強い人は、創造力をも持てる

　数字に強い人とは、単純に計算能力が高いだけでなく、結果を意識して、考えながら行動できる人です。

　ざっくり暗算で、わかりやすく数字のイメージを伝える。

　＠変換で、会社や世の中の数字を自分のこととして捉える。

　いくつものシナリオを描いて、どこのルートに振れても対応できるように対策を練っておく。

　見かけの数字に騙されず、正しい情報を精査する。

　正規分布や回帰式を活用して、現場のさまざまなデータを分析する。

　いずれも、ビジネスパーソンとして身につけておきたいスキルです。

　そして、これらの数字を使いこなす「数字に強い人」になると、創造力を持って仕事に取り組めるようになります。数字が苦手、と思いながらここまで読み進めてきたあなたにも、その能力が多少備わっているはず。**計算力を応用すれば、今後やってくる未来を予測しながら、時代に適した新たなビジネスモデルを創造することも可能なのです。**

　たとえば、店舗やECでの売上予測、新製品の売上予測、最

適在庫量の計算、値引きによる販売増予測など、さまざまな
データを計算によって分析してシナリオを描くと、数多くの予
測モデルを作れます。

　こうしたモデルはビジネス現場で高いニーズが見込めるで
しょう。将来を見通すのは難しく、誰にでもできることではあ
りませんが、経営に大きな影響を与えるからです。

　在庫が発生するビジネスモデルなら、生産量や店舗への投入
量を間違えると、キャッシュフローが一気に悪化することもあ
ります。気合いを入れて大量投入した新製品が大ゴケし、資金
がショートして会社が傾くことだって、珍しい話ではありませ
ん。

　売上や適正在庫を予測するモデルを作り上げることで、それ
を予防することが可能になります。無駄な在庫を持たず、余剰
在庫をディスカウントで売りさばく必要もなく、粗利益を確保
できる。すると、効率的で、廃棄商品のない、環境に優しい商
売が展開できるのです。

　より身近な例を挙げるなら、効率を高めるために新しいコ
ピー機を導入するか否か、テレワークを継続すべきかどうか、
チームの人員配置は適切か、来月の個人目標と目標達成のため
に取るべき行動は何か、なども数字を使って考えられるでしょ
う。

　数字に強い人は、そこからさらに計算をして、「効率が上が
れば、どのくらいの利益が見込めるのか」「短縮した時間で何

ができるのか」を分析していきます。

　職場で一目置かれる「偏差値60以上の仕事」をするには、これくらいの創造力が必要なのです。

　これからの未来、AI技術や各種テクノロジーはさらに進化し、社会のデジタル化はますます加速していきます。もしかすると、生活のあらゆる場面が「数字で管理される」という時代がやってくるかもしれません。

　目まぐるしい変化に惑わされることなく、この不確実で不安定な世界を歩いていくには、「考える力」が重要です。

　計算力トレーニングで数字に慣れ、自分で考える力——「創造力」を身につけていきましょう。

　最後になりますが、本書は、拙書『「計算力」を鍛える』、『統計学トレーニング』の内容をベースに、暗算手段の方法の紹介や演習をより充実させた書籍です。

　上記の編集担当の吉村健太郎さん、今回新たな切り口で編集してくれた松本一希さん、お二人がいなければ『頭のいい人が使っているずるい計算力』は、このような仕上がりにならなかったことでしょう。感謝申し上げます。

斎藤 広達

斎藤　広達
（さいとう　こうたつ）

シカゴ大学経営大学院修士（MBA）取得。ボストン コンサルティング グループ、ローランドベルガー、シティバンク、メディア系ベンチャー企業経営者などを経て、経営コンサルタントとして独立。

数々の企業買収や事業再生に関わり、社長として陣頭指揮を執り企業を再建。その後、上場企業の執行役員に就任し、EC促進やAI導入でデジタル化を推進した。

現在は、クラウド活用（モダナイゼーション）、生成AIアプリケーション開発など、デジタルトランスフォーメーションに関わるコンサルティングに従事している。

主な著書に、『数字で話せ』『超文系人間のための 統計学トレーニング「数学を読む力」が身につく25問』（ともにPHP研究所）、『入社10年分の思考スキルが3時間で学べる』『仕事に役立つ統計学の教え』『ビジネスプロフェッショナルの教科書』（すべて日経BP社）など。

頭のいい人が使っている
ずるい計算力

2024年4月17日　第1版第1刷発行

著　者　斎藤広達
発行者　永田貴之
発行所　株式会社PHP研究所
　　　　東京本部　〒135-8137　江東区豊洲5-6-52
　　　　　　　　　ビジネス・教養出版部　☎03-3520-9619（編集）
　　　　　　　　　　　　普及部　☎03-3520-9630（販売）
　　　　京都本部　〒601-8411　京都市南区西九条北ノ内町11

　　　　PHP INTERFACE　https://www.php.co.jp/

印刷所
製本所　大日本印刷株式会社

PHPビジネス新書

超文系人間のための

統計学トレーニング

「数字を読む力」が身につく25問

斎藤広達 著

難しい理屈は抜きで、「仕事で使える統計学」が身につく超実践的トレーニングブック。文系人間でも「数字で話せる人」になれる！